DAS SAUNA-KOCHBUCH

KATARIINA VUORI, JANNE PEKKALA

FOTOS: VESA RANTA

DAS SAUNA-KOCHBUCH

VOM AUFGUSS ZUM HOCHGENUSS

AUS DEM FINNISCHEN
VON STEFAN MOSTER

DIE ORIGINALAUSGABE ERSCHIEN 2014 UNTER DEM TITEL
»SAUNAKEITTOKIRJA« BEI TAMMI PUBLISHERS, HELSINKI.

INHALT

DIE SAUNA, DER OFEN UND DER HUNGER | 11

ZWEI KELLEN TIPPS, DIE SICH BEWÄHRT HABEN | 12

1 DIE KAMMI-SAUNA IN KUUSAMO | 18

Elchgulasch 22

Moorfladen nach Dienstmädchenart 23

Moltebeerenkörbchen à la Kammi mit Moosbeeren-Karamell-Soße 25

2 DAS SAUNAVIERTEL RAJAPORTTI IN TAMPERE | 26

Schwarze Wurst im Teigmantel 30

Kräuterbrotstangen 31

Saunaofenpizza 32

Schokoladen-Orangen-Kuchen 33

3 DIE BUS-SAUNA AM RUKA-FJELL, KUUSAMO | 34

Roggen- und Fladenbrot-Sticks 38

Gebratene Kleine Maränen 38

Kleine Knoblauchmaränen 38

Preiselbeer-Dip 40

Dill-Joghurt-Dip 41

Senf-Dip 41

4 DIE EIS-SAUNA VON SIEVI | 42

Feurige Mango-Garnelenschwänze 47

Blaubeer-Senf-Dip 47

Nussige Roggenüberraschung à la Eislochschwimmer 48

Saunaofen-Toffee, Moosbeeren und Salmiak 49

5 DIE ZIEHBARE SAUNA VON LINNANMAA, OULU | 50

Heringsomelette in der Kelle 55

Warmer Kartoffelsalat 55

Salatdressing mit Sima 56

Walpurgis' Rocky Road 57

6 DIE GARTENSAUNA IN KORVENKYLÄ | 58

Zartes Fleisch aus dem Heißwassertank 62

Sahniger Kartoffeltopf 64

Fannis aufgespießte Hefewecken 65

Moltebeermarmelade mit Limette 65

7 EINE MODERNE STADTSAUNA IN OULU | 66

Stangenspargel mit Brennnesseln im Päckchen 70

Sauerkleebaguette 71

Perlendes Käsefondue mit Fichtentrieben 72

Drei-Schokoladen-Fondue 73

8 DIE BLOCKHÜTTENSAUNA AM SEE, EVIJÄRVI | 74

In der Zeitung geräucherter Fisch nach Oma Hannas Art 78
Aubergine-Saganaki-Auflauf 79
Gerösteter Knoblauch 80
Huhn-Wildkräuter-Hotpot 80
Focaccia mit Wildkräuter-Pesto 82
Veras wilder Salat 83
Fräulein Helkas warmer Obstsalat 84
Erdbeer-Mädesüß-Crème brûlée 85

9 DIE RAUCHSAUNA AN DER STROMSCHNELLE KUKKOLANKOSKI | 86

Gefüllte Maräne im Saunaofen 91
Ofenkartoffeln 91
Grüner Spargel in Wein 92
Graved Lachs in Birkenblättermarinade 93
Sturzkuchen 94
Labkäse mit Erdbeeren auf Saunawichtelart 94

10 DIE BAHNWÄRTERSAUNA IN OULU | 96

Hechtröllchen mit Zitrone 100
Mais-Makkara-Topf 100
Riesengarnelenschwänze und Cola-Rindfleisch am Birkenspieß 102
Weiße Schokolade-Rhabarber-Käsekuchen 103

11 MITTSOMMERSAUNA AN DER BOTTENWIEK | 104

Neue Kartoffeln 108
Schweinefleisch-Tournedos auf Gemüsebett 108
Glühforelle vom Johannisfeuer 111
Saunaofenkäse 111

12 DIE MALZTENNENSAUNA IN TOPPILA | 112

Teerzander 116
Salmiak-Erdbeer-Chutney 116
Kellenspeckkartoffeln 117
In Salmiak und Lonkero marinierte Spareribs 119
Chorizo-Omelette 120
Knusprig gratinierte marinierte Birnen 121

13 DIE FJELL-SAUNA VON YLÄ-MIESSI IN LAPPLAND | 122

Rentierlendchen im Salzmantel 126
Fischkartoffeln à la Telilä 126
Rübenchips vom Jäkäläpää-Fjell 129
Panierter Käse mit Moltebeerensoße 129
Passierte Moltebeeren und frittierte Petersilie 129

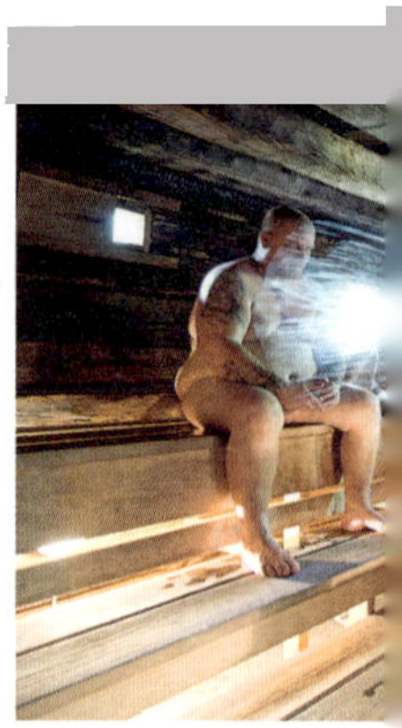

14 DIE UNTERIRDISCHE GRANITSAUNA IN KEMIÖ | 130

Ofenglut-Entrecôte in der Schubkarre 135
Rauchige Gemüsebeilage 135
Parma-Butter-Soße 135
Lachs-Gemüse-Auflauf mit Käse 136
Bierknäcke aus der Granithöhle 137
Saunawichtels Roggen-Beeren-Brei 137

15 EINE SAUNA AM MEER IN KUSTAVI | 138

Auf dem Saunaofen gedämpfte Krebse 142
Krebs-Überraschung unter der Teigbaskenmütze 143
Brot à la Huhtiranta 143
Mangoldröllchen 144
Rote-Bete-Blätter-Rouladen 145
Joghurt-Dip 145
Karolinas Beerenkuchen 146

16 DIE UFERSAUNA IN KARIGASNIEMI | 148

DDS (Dreckiger-Daumen-Steaks) 152
Herbstzeit-Särä 154
Steinpilz-Risotto vom Teno 155
Kekkonens flambierte Plinsen 157

17 DIE RÄUCHERSAUNA AUF DEM HARJU-HOF, OULU | 158

Gepökeltes und geräuchertes Fleisch 162
Gepökelter und geräucherter Lachs 162
Tomaten mit Pilz-Frischkäse-Füllung 164
Saunaofenäpfel 165

18 DIE ZELTSAUNA IN KUUSAMO | 166

Fleisch-Wok auf Zeltsaunaart 170
Schnelles Pfifferlingsbrot 171
Rentier-Quesadilla mit Preiselbeeren 172

19 WEIHNACHTSAUFGÜSSE IN DER ESPENHOLZSAUNA, NORDFINNLAND | 174

Auflauf mit drei Geschmäcken 178
Schweinefilet mit Spinat-Käse-Füllung 181
Rote-Bete-Auflauf 181
Mit Schwarzen Johannisbeeren marinierter Graved Lachs 182
Apfel-Sauna-Glögi 183
Faule Wichtel (Mandelspekulatius) 183

ÖFEN, ÖFEN, ÖFEN | 187

DANK | 188

REGISTER | 190

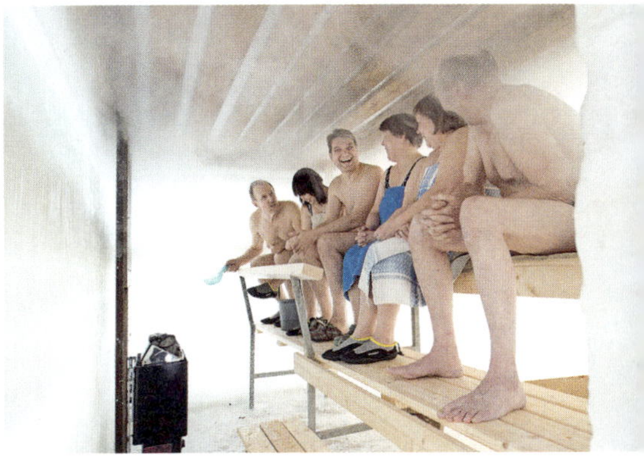

LÖYLYTIE

DIE SAUNA, DER OFEN UND DER HUNGER

Vieles hat in der Sauna angefangen, auch dieses Buch.

Die Idee zu einem Saunakochbuch fing vor etwa fünfzehn Jahren an in mir zu kochen. Damals saß ich inmitten des Indischen Ozeans auf dem Deck eines Segelbootes und blätterte in einem polynesischen Kochbuch. Die Gerichte in dem Buch wurden in Erdgruben zubereitet, über denen man heiße Steine aufschichtete. Und während ich das las, bekam ich plötzlich Lust auf Wurst, die auf den Steinen des Saunaofens gebraten wird, so wie wir es als Kinder oft gemacht hatten – und auf finnischen Senf.

Als ich dann vor ein paar Jahren fast den ganzen Sommer mit meinen beiden kleinen Kindern in unserem Sommerhaus in Evijärvi verbrachte, wurde aus der Idee, auf dem Saunaofen zu kochen, konkrete Praxis. Wenn die Kinder im See tobten, konnte ich mich unmöglich der Rolle der Bademeisterin entziehen und zum Kochen in das etwas weiter weg stehende Wohnhaus gehen. Also fing ich an, die Nudelaufläufe und Fischsuppen auf dem Ofen des Saunahäuschens zuzubereiten, das direkt am Ufer des Sees stand.

Was als Idee anfangs noch heiße Luft war, nahm fast zwangsläufig immer mehr Gestalt an. Schon auf dem Deck des Segelboots im Indischen Ozean fasste ich den Plan, verschiedene Saunas in meiner Heimat Finnland abzuklappern und auf ihren steinernen, heißen Herzen leckere Mahlzeiten zuzubereiten. Als das Projekt schnell an Umfang zunahm, lockte ich den Koch Janne Pekkala und den Fotografen Vesa Ranta mit auf die Pritschen.

Damit begann eine unvergessliche Reise in die Welt der finnischen Sauna, ein Abenteuer von sechstausend Kilometern, bei dem uns der Aufgussdampf den Weg wies und uns von Karigasniemi in Lappland bis ins südwestfinnische Kemiö und von einer eisig schönen Eis-Sauna bis in vom Qualm gebeizte Rauchsaunas führte.

Die Saunas in diesem Buch sind einigermaßen zufällig ausgewählt worden. In einige wurden wir eingeladen, in andere haben wir uns selbst eingeladen. Wir brachten unsere Töpfe und Ideen in öffentliche Saunas mit, kochten aber auch in Saunas, die echte Perlen einer uralten Kultur sind: dampfende Altäre gewöhnlicher Menschen.

In Saunas ist schon immer geboren, gestorben und genossen worden. Wir hoffen, dass dieses Buch den Genuss noch einen Schritt weiterführt.

Schmackhafte Aufgüsse!

KATARIINA VUORI

ZWEI KELLEN TIPPS, DIE SICH BEWÄHRT HABEN

Das Kochen in der Sauna ist keine Erfindung der Moderne. In der Sauna hat man schon immer geräuchert und Hausbier angesetzt, man hat Hafergrütze und Fusel gekocht und Würste gebraten. Als in den 1940er Jahren der Weihnachtsschinken Finnland eroberte, wurde der ganze Schinken oft im Feuerkessel in der Sauna gekocht. Meine Oma räucherte im Saunaofen Fisch (siehe S. 78) und trocknete Apfelringe auf Fäden, die sie zwischen den Deckenbalken gespannt hatte. Janne Pekkala erinnert sich sogar daran, dass seine Oma im Saunaofen Elchschnauzen garte.

Man sollte das Saunakochen locker angehen. Wichtiger als Perfektion sind der Spaß am Tun und der Genuss. Die Rezepte in diesem Buch bieten Beispiele für all das, was man auf dem Saunaofen kochen kann. Sie sind flexibel wie das Harz, das aus heißen Holzbalken quillt, man kann sie hervorragend variieren, wie einem der Sinn steht und was man gerade an Zutaten zur Hand hat.

Man kann auf dem Saunaofen alles Mögliche machen, aber es gibt Unterschiede zum Kochen auf dem Herd. Ein Saunaofen kann launisch sein, seine Wärme hängt davon ab, wie lange man einheizt, welches Holz man dafür verwendet, wie viele Steine auf dem Ofen liegen und von welcher Sorte sie sind, wie groß der Abstand zwischen der Feuerstelle und den Steinen ist und in welcher Stimmung sich der »Saunageist« gerade befindet. Darum ist es schwierig, bei den Rezepten dieses Buches eindeutige Garzeiten anzugeben. Lassen Sie das Essen also nicht zu lange Zeit allein auf dem Ofen stehen, sondern behalten Sie im Auge, wie es ihm geht.

Black Bream

Viele Rezepte dieses Buches sind unter Berücksichtigung der einfachen Umstände eines finnischen Sommerhauses zusammengestellt worden. Das Zubereiten und Garen findet hauptsächlich in einem Topf und ohne elektrische Geräte statt. Bei einigen Rezepten können Sie das Kochgefäß mit Backpapier auskleiden, damit Sie im selben Topf mehrere Speisen fertigstellen können, ohne zwischendurch abwaschen zu müssen. Denken Sie aber immer daran, über den Rand hinausragendes Backpapier abzuschneiden, damit es im Ofen nicht Feuer fängt!

STEINE UND FEUER BEIM KOCHEN

Man kann direkt auf den Steinen oder im Ofen kochen, außerdem kann man sich des Heißwasserbehälters am Saunaofen oder des Feuerkessels bedienen, falls es einen solchen gibt. In unserem Sommerhaus habe ich darin sogar Spargel mit Disteln und Karotten gekocht.

Das Kochen auf heißen Steinen ähnelt dem Kochen am Herd oder auf dem Grill insofern, als die Wärme von unten kommt. Auf gut geheizten Steinen kann man erfolgreich braten, bräunen und frittieren und sogar kleine Ragouts schmoren lassen. Bei Saunaöfen, die ein Ofenrohr haben, befindet sich der heißeste Punkt neben dem Rohr. Die Steine am Rand bieten dagegen oft eine sanftere und gleichmäßigere Wärme.

Kurz nachdem man Holzscheite nachgelegt hat, sind die Steine am heißesten. Dann gelingt das Anbraten und Frittieren am besten. Die Erfahrung hat gezeigt, dass sich die Steine bei kleinen Öfen, bei denen der Abstand zwischen Feuer und Steinen sehr gering ist, besonders effektiv erhitzen, wenn die Holzscheite brennen. Bei größeren Öfen mit mehr Abstand zwischen dem Feuer und den oberen Steinen und mit mehr Steinmasse hat die oberste Steinschicht eine maßvollere und gleichmäßigere Wärme.

Die Saunasteine sollte man schon im kalten Zustand so arrangieren, dass man das Kochgefäß stabil und gerade darauf abstellen kann. Dabei sollte die Kontaktfläche von Topf und Steinen wie bei einem Herd möglichst groß sein. Man kann allerdings auch in einer Pfanne braten, die über dem Ofen hängt und die Steine gar nicht berührt.

Die Feuerstätte eines Saunaofens hat viele ähnliche Eigenschaften wie ein Backofen. Beim Kochen auf einem Holzsaunaofen, der die Wärme speichert, kann man das Essen in die Feuerkammer schieben und ziehen lassen, während man sauniert. Hat man hingegen einen Ofen, bei dem man Holz nachlegen muss, stellt man den Bräter erst dann in die Feuerkammer, wenn man mit den Saunagängen zum Ende kommt und keine Scheite mehr nachlegt.

Große Saunen und Rauchsaunen sind oft mit einem Ofen ausgestattet, der über eine große, gewölbeartige Brennkammer verfügt. In diesem Fall sollte man das Essen gleich nach dem Ende des Heizens zum Garen hineinschieben, denn in einer großen Feuerstätte steigt die Wärme bei abnehmender Glut nach oben, und die Temperatur auf der Ebene des Rosts kann recht schnell sinken. Bei Bedarf kann man das Kochgefäß zum Beispiel mithilfe von Ziegelsteinen etwas höher stellen.

Für den Anfang eignen sich Gerichte, die in der Brennkammer geschmort werden. Auf den Steinen selbst kann man es zunächst mit Foliengerichten versuchen. Auch Omelettes sowie Fleisch und Gemüse aus der Pfanne sind einfach zu machen, weil sie Temperaturschwankungen gut verzeihen.

Wie immer in der Sauna empfiehlt es sich, für die Aufgüsse heißes Wasser zu verwenden. Das verlängert nicht nur die Lebensdauer der Steine, sondern hält auch ihre Temperatur auf

gleichmäßigem Niveau, was dem Kochen zugutekommt. Außerdem kann ein Topf oder eine Auflaufform, die auf den heißen Steinen steht, auch mal springen, wenn sie eine kalte Dusche abbekommt. Darum sollten Sie bitte NIEMALS einen Aufguss machen, wenn ein Kochgefäß mit Öl oder Fett auf dem Ofen steht!

GEFÄSSE UND WERKZEUGE

Für das Kochen auf dem Saunaofen benutzt man ausschließlich feuerfeste Gefäße. Es genügt nicht, dass sie ofenfest sind. Sollten Sie Zweifel an der Feuerfestigkeit Ihres Geschirrs haben, sollten Sie gusseiserne Gefäße benutzen. Eine gusseiserne Pfanne funktioniert zum Beispiel auch bestens als Kuchenform. Schieben Sie bitte keine gusseisernen Töpfe oder Pfannen mit Teilen aus Holz, Glas oder Kunststoff in die Brennkammer! Gerichte, die in Folie gegart werden, sollte man in ein Gefäß mit Rand geben, damit der Ofen nicht verschmutzt wird oder Feuergefahr entsteht, falls die Folie beim Wenden reißt und Öl oder Fett ausläuft.

Vergewissern Sie sich immer vorher, ob Topf oder Form in die Brennkammer passen, damit Sie das Gefäß auch dann sicher greifen können, wenn Sie es herausnehmen, und sorgen Sie dafür, dass es stabil und gerade auf dem Rost steht.

Kalte Behältnisse aus Keramik sollte man auf den Pritschen vorwärmen, während die Sauna beheizt wird. Dadurch werden zu große Temperaturunterschiede und somit ein Springen des Gefäßes im Feuer oder auf den Steinen vermieden. Die Temperatur der Steine kann beim Einheizen der Sauna schnell auf über 300 Grad ansteigen. Man sollte die Töpfe außerdem auch nicht bis zum Rand füllen, sondern reichlich Platz lassen, damit das Kochgut köcheln und sprudeln kann.

Eine Aufgusskelle aus Metall mit langem Griff ist ein praktischer Helfer für kleine, schnelle Portionen. Allerdings sollte man die Kelle mit Alufolie, Pergamentpapier, Backpapier oder auch mit Johannisbeerblättern auskleiden, damit kein Metallgeschmack ins Essen dringt und das Kochgut nicht die Metalloberfläche der Kelle verdirbt.

Benutzen Sie beim Umgang mit den heißen Gefäßen immer Kochhandschuhe mit langem Schaft. Außerdem können Sie sich mit einer Grillzange und sonstigem Grillbesteck mit langem Stiel behelfen oder auch mit dem Schürhaken oder der Aschenschaufel. Wir raten außerdem davon ab, im nackten Zustand mit heißen

Gefäßen zu hantieren. Ein Kochgefäß, das in der Feuerkammer eines Saunaofens, auf den Steinen oder der Pritsche einer Rauchsauna gestanden hat, ist anschließend höchstwahrscheinlich verrußt. Halten Sie also stets einen Untersetzer bereit, der schmutzig werden darf.

Noch ein wichtiges Wort zum Brandschutz, auch auf die Gefahr hin, dass wir uns wiederholen: Es darf keine Flüssigkeit und kein Fett auf die Steine tropfen, und man darf die Rohzutaten nie ohne Behältnis auf den Ofen legen. Die Kochgefäße müssen, wie gesagt, feuerfest sein. Wenn Sie mit Fett kochen, achten Sie darauf, dass kein Wasser ans heiße Fett kommt und es zum Spritzen bringt. Eine Löschdecke und sonstiges Löschzubehör sollten immer in Reichweite sein. Und bereits wenn man das Feuer im Saunaofen entfacht, sollte man in Sachen Brandschutz den gesunden Menschenverstand walten lassen.

ZUBEREITUNG

Sie haben keine Sauna? Macht nichts! Sie werden trotzdem mit diesem Buch kochen können. Die meisten Gerichte lassen sich auch am heimischen Herd oder auf einem Grill zubereiten. Leider haben wir dafür keine genauen Back- oder Garzeiten, die wir Ihnen an die Hand geben können. Aber wir vertrauen darauf, dass Sie sich an den Angaben in den Rezepten orientieren und den Gargrad der Gerichte auch durch eine Backofentür beurteilen können. Falls das alles nicht klappt: Legen Sie sich eine Sauna zu.

Zum Schluss eine Bemerkung zu den Mengenangaben in den Rezepten. In Finnland ist es üblich, bei Kochrezepten die Mengen auch von nicht flüssigen Zutaten in Dezilitern anzugeben, anstatt in Gramm. So wird z. B. Mehl nicht abgewogen, sondern abgemessen. Damit beim Nachkochen nichts schiefgeht, sind die Mengenangaben für die deutsche Ausgabe in Milliliter umgerechnet worden.

Manche Zutaten (z. B. Moltebeeren, Elchfleisch, Kleine Maränen sind typisch finnisch. Um an sie heranzukommen, muss man jedoch nicht nach Finnland fahren. Fast alles lässt sich bequem online bestellen.

1 DIE KAMMI-SAUNA IN KUUSAMO

LOCKERE SPRÜCHE UND BRODELNDES ELCHGULASCH AM VALENTINSTAG

Auf dem aus massiven Balken gezimmerten Geländer des Blockhauses liegt frischer Schnee, in dem jemand die Abdrücke seiner kleinen Pfoten hinterlassen hat.

Zwei Türen führen in die Sauna, eine für Frauen, eine für Männer. Aber ganz gleich, welche man nimmt, das Resultat ist das Gleiche: Man teilt sich die Pritschen und die Wärme im Inneren.

Öffnet man die Tür einen Spalt, schlägt einem eine Dampfwolke entgegen, gefolgt von frechen, aufs Holz gebrannten Sprüchen:

»KOMMT HER, BURSCHEN, UND HÖRT EUCH AN, WAS DA FÜR GERÄUSCHE AUS DER SAUNA KOMMEN! AUF DER PRITSCHE STRECKT DIE MAGD DEN SCHINKEN IN DIE HÖHE, UND DER KNECHT MACHT EINEN KRUMMEN RÜCKEN ...«

In der Kammi-Sauna von Kuusamo haben am Valentinstag zwei befreundete Paare Platz genommen. In guter Gesellschaft gerät die beißende Februarkälte bald in Vergessenheit, es wird schallend gelacht, und der aus dem Winterschlaf erwachte Birkenreisig schlägt zu den Saunasprüchen den Takt.

In dieser Sauna saß auch schon einmal der Formel-1-Rennfahrer Mika Häkkinen, als er in Kuusamo Winterurlaub machte. Zufällig kamen ein paar französische Touristen auf Motorschlittensafari hinzu und staunten nicht schlecht. Bis auf den heutigen Tag können sie nicht glauben, dass es sich bei dem bekannt aussehenden Mann, der da mit dem Handtuch um die Hüfte dampfend vor dem grauen, schneebedeckten Blockhaus stand, tatsächlich um den »Fliegenden Finnen« handelte.

Der große, aus Backstein gemauerte Ofen dieser geräumigen Sauna wird mit besonders langen Scheiten beheizt. Er ist diplomatisch zwischen den Türen platziert worden und wird im Nu heiß. Gerade brodelt dort ein Elchgulasch mit dem Geplauder der Saunagäste um die Wette. Als diesen die Sprüche allmählich ausgehen und bei Einbruch der Dämmerung das Holz in der Feuerstätte nur noch glüht, macht sich in der Sauna der Duft von auf dem Ofen gebackenen Fladen, von Moltebeeren, Karamell und Moosbeeren breit.

- 700 g Elchbraten
- 1 Steckrübe
- 2 Karotten
- 2 Zwiebeln
- ca. 50 ml Öl
- 2 Lorbeerblätter
- 10 Pimentkörner
- 2 EL Rosé-Pfeffer
- 3 EL Sirup
- 0,33 l helles Lager-Bier
- ca. 1 l Fleischbrühe

Das Fleisch und das Wurzelgemüse in Würfel schneiden. Einen feuerfesten Topf auf den Steinen erwärmen und etwas Öl hineingießen. Das Fleisch und das Gemüse im Topf anbraten, Gewürze und Sirup hinzufügen und anschließend Bier und Fleischbrühe hinzugeben, bis die Zutaten bedeckt sind.

Auf dem Ofen oder in der Brennkammer mit geschlossenem Deckel etwa zwei Stunden schmoren.

SIE KÖNNEN MIT DEM GAREN VON SCHMORGERICHTEN AUCH SCHON WÄHREND DES EINHEIZENS UND WÄHREND DER SAUNAGÄNGE BEGINNEN, INDEM SIE DEN TOPF ZUNÄCHST AUF DIE STEINE STELLEN UND ERST ZUM SCHLUSS IN DIE BRENNKAMMER SCHIEBEN.

MOORFLADEN NACH DIENSTMÄDCHENART

- 200 ml Naturjoghurt
- 1 Ei
- 1 TL Salz
- 50 ml Haferkleie
- 600 ml Grahammehl
- 2 EL Öl

Joghurt, Ei und Salz vermischen. Kleie, Mehl und zum Schluss das Öl unterrühren. Den Teig in 4–8 Portionen teilen, je nachdem wie groß die Fladen werden sollen. Den Teig zu Kugeln formen und auf einer bemehlten Fläche ausrollen oder flachklopfen.

Die Fladen in der heißen Feuerstätte backen, zum Beispiel auf einem Brotbackstein, einem Blech oder in einer gusseisernen Pfanne (ca. 10–15 Minuten).

HAT DIE FEUERSTÄTTE EINEN EBENEN BACKSTEINBODEN, KÖNNEN SIE DIE FLADEN AUCH DARAUF BACKEN, ALLERDINGS ERST NACHDEM SIE DIE ASCHE HERAUSGEKEHRT HABEN.

MOLTEBEERENKÖRBCHEN À LA KAMMI MIT MOOSBEEREN-KARAMELL-SOSSE

BODEN

75 g Butter
200 ml Weizenmehl
25 ml Zucker
25 ml kaltes Wasser

Butter oder Margarine zum Fetten der Form

FÜLLUNG

200 ml Moltebeeren
200 ml Moltebeerenlikör
Salz
100 ml Gelierzucker

MOOSBEEREN-KARAMELL-SOSSE

200 ml Sahne
100 ml Farinzucker
2 EL Butter
100 ml noch gefrorene Moosbeeren

Kleine, feuerfeste Portionsförmchen mit Butter ausstreichen. Die zimmerwarme Butter mit den anderen Zutaten zu einem Teig verkneten. Den Teig in die Förmchen drücken, so dass kleine Körbchen entstehen. In der Brennkammer oder auf den Steinen backen (ca. 10–15 Minuten). Abkühlen lassen.

Moltebeeren und Moltebeerenlikör in einem Topf auf den heißen Steinen unter gelegentlichem Rühren kochen, bis die Mischung auf ungefähr die Hälfte reduziert und dickflüssig ist. Eine Prise Salz hinzufügen, damit es nicht zu süß wird. Den Gelierzucker dazugeben, vom Ofen nehmen, abkühlen und stocken lassen.

Für die Karamellsoße die Sahne, den Farinzucker und die Hälfte der Butter (1 EL) in einem Topf unter ständigem Rühren etwa 15 Minuten kochen, bis die Soße anfängt zu stocken und der Zucker ganz geschmolzen ist. Den Topf von den Steinen nehmen, 1 EL Butter unterrühren. Zum Schluss die noch gefrorenen Moosbeeren hinzugeben.

Die abgekühlten Teigkörbchen mit der Moltebeerensoße füllen und mit der Moosbeeren-Karamellsoße servieren.

DAS SAUNAVIERTEL RAJAPORTTI IN TAMPERE

2

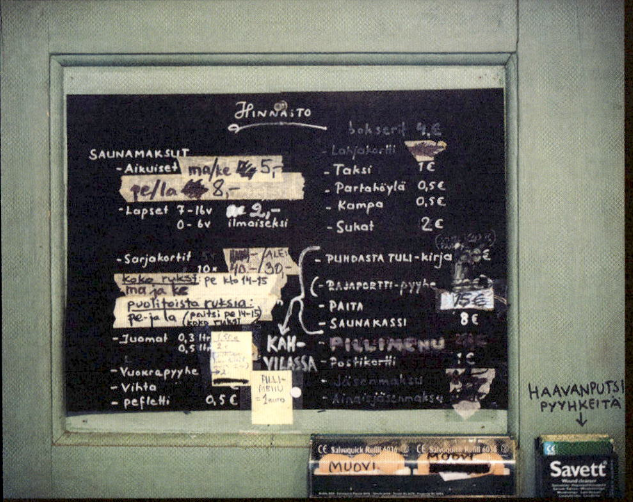

DER ECHTE AUFGUSS-SOUND

Die Öfen in der Rajaportti-Sauna in Tampere wurden schon zur Zarenzeit beheizt, und 2006 feierte das Saunaviertel seinen hundertsten Geburtstag.

Im Gästebuch auf der Männerseite wird von einem Saunageist namens Wirtanen berichtet. Und von einem Springseil, das auch jetzt im Umkleideraum am Haken hängt. Damit mache sich Wirtanen warm, wenn in der Sauna partout der Schweiß nicht kommen will.

Wirtanen geht jeden Tag in die Sauna. Eigens wegen ihm hat man in der Hausordnung den Wirtanen-Paragrafen eingeführt, der besagt, dass man die Sauna höchstens drei Stunden am Stück benutzen darf. Einmal ließ sich Wirtanen dazu verleiten, zu lange zu bleiben und zu heftige Aufgüsse zu machen, und erhielt deswegen Hausverbot. Als der Saunageist wiederkam, hatte er sich einen Aphorismus auf den Unterarm tätowieren lassen: »*Lisää löylyä – P-kele*« (Mehr Aufguss – verd…).

Am Nachmittag stehen die Besucher Schlange. Jemand will ein Birkenbüschel und bekommt es zum halben Preis, für vier Euro. Während in der Frauensauna über Schnittmuster, Pelzwesten aus Maulwurffell, Kräuterbrotaufstriche und Mozzarella geplaudert wird, diskutiert man auf der Männerseite darüber, ob die Sauna heute heiß oder sehr heiß ist. Treue Stammgäste wissen, dass die Wirkung des Aufgusses davon abhängt, wer die Sauna beheizt hat und wo das Wasser aus der krummen Kelle landet. Man muss den Aufguss langsam machen und nicht sofort auf dieselbe Stelle wie zuvor. Wenn man es richtig macht, hört man den wahren Sound des Aufgusses.

»IM LICHTKEGEL DER STRASSENLAMPE SCHNEIT ES,
EIN UNGEÖLTES DRAHTSEIL IN RAJAPORTTI
MACHT TITITÜÜ.
SAUNA UND WURST.
GLÜCK HEISST FROSTWETTER
UND DAMPFENDE KÖRPERWÄRME.«

(AUS DEM GÄSTEBUCH IN RAJAPORTTI)

SCHWARZE WURST IM TEIGMANTEL

Ca. 1 kg Mustamakkara (Schwarzwurst aus Tampere oder eine andere, milde Blutwurst im Ring)
½ Bund Petersilie
½ Bund Dill
½ Bund Schnittlauch
½ Bund Basilikum
10 Blätterteigscheiben
1 Flasche (ca. 200 ml) Preiselbeersoße oder Preiselbeerkonfitüre
1 Ei zum Bestreichen

Die Wurst in zehn gleich lange Stücke schneiden. Die Kräuter hacken. Die Teigscheiben etwas größer ausrollen.

Auf die Mitte jeder Teigscheibe 1–2 EL Preiselbeersoße geben, einen guten Esslöffel Kräuter hinzufügen. Ein Wurststück auf die Soße setzen, den Teig um die Wurst wickeln, und die Ränder sorgfältig mit nassen Fingern schließen.

Die Teigtaschen mit Ei bestreichen und in einer feuerfesten Form in der Brennkammer schön braun backen.

KRÄUTERBROTSTANGEN

½ l Wasser
1 Päckchen Trockenhefe
ca. 900 ml Mehl
50 ml Haferkleie
50 ml Leinsamen
50 ml Sesam
1 TL Salz
1 TL getrocknetes Basilikum
1 TL getrockneter Rosmarin
1 EL Zucker oder Honig
50 ml flüssige Margarine

Das Wasser etwas mehr als handwarm erwärmen. Die Hefe mit den anderen trockenen Zutaten vermischen und mit dem Wasser zu einem Teig verkneten. Zum Schluss die flüssige Margarine und den Honig hinzugeben, falls kein Zucker verwendet wird. Den Teig bei Saunatemperatur auf der unteren Pritsche unter einem Tuch etwa 30 Minuten gehen lassen.

Den Teig in schneeballgroße Stücke teilen und auf einer bemehlten Fläche länglich rollen. Auf dem Brotbackstein oder auf dem Blech in der Feuerkammer backen (ca. 15 Minuten).

HAT DIE FEUERKAMMER EINEN EBENEN BACKSTEINBODEN, KÖNNEN SIE DIE KRÄUTERBROTSTANGEN AUCH DARAUF BACKEN – NACHDEM SIE ZUVOR DIE ASCHE HERAUSGEKEHRT HABEN.

SAUNAOFENPIZZA

BODEN

100 ml Wasser
¼ Päckchen frische Hefe
1 TL Salz
225 ml Weizenmehl (Hartweizen)
2 EL Olivenöl

Butter oder Margarine zum Fetten (oder Backpapier)

BELAG

50 ml Tomatenmark
Salz
Schwarzer Pfeffer
1 Knoblauchzehe
100 ml geriebener Käse
4–5 Scheiben Salami
Oliven
Frisches Basilikum
1 EL Olivenöl

Die Hefe in lauwarmem Wasser auflösen. Mit Salz und Mehl vermischen, zuletzt das Öl hinzugeben. Den Teig zugedeckt in der warmen Sauna auf der unteren Pritsche etwa eine halbe Stunde gehen lassen. Eine gusseiserne Pfanne oder eine feuerfeste Form einfetten oder mit Backpapier auslegen, den Teig hineindrücken.

Das Tomatenmark mit Salz und Pfeffer vermischen. Die Knoblauchzehe hacken und hinzufügen. Die Mischung auf dem Pizzaboden verstreichen. Den geriebenen Käse darüberstreuen und Salamischeiben und Oliven darauflegen.

Auf den Steinen mit Deckel oder direkt im Ofen backen (ca. 25–30 Minuten). Die fertige Pizza mit Basilikumblättern garnieren und mit Olivenöl beträufeln.

SCHOKOLADEN-ORANGEN-KUCHEN

2 Eier
200 ml Zucker
4 EL dunkles, ungezuckertes Kakaopulver
150 ml Weizenmehl
1 TL Backpulver
2 EL Orangenmarmelade
150 g Butter oder Margarine

Butter oder Margarine zum Ausfetten der Backform (oder Backpapier)
Semmelbrösel

Eier und Zucker schaumig schlagen. In einer zweiten Schüssel Kakaopulver, Mehl und Backpulver vermischen und unter leichtem Rühren den Eier-Zucker-Schaum hinzugeben. Die Orangenmarmelade unterrühren.

In einem Topf auf dem Saunaofen die Butter oder Margarine zerlaufen lassen (wenn die Sauna heiß genug ist, schmilzt das Fett auch auf der obersten Pritsche). Etwas abkühlen lassen und dann unter den Teig mischen.

Eine feuerfeste Form mit Butter oder Margarine und Semmelbröseln oder mit Backpapier auskleiden. Den Teig in die Form geben. Man kann auch kleine Portionsformen mit Deckel verwenden, dann wird der Kuchen auch auf den Steinen gar. Einen größeren Kuchen sollte man aber bei gleichmäßiger Temperatur im Ofen backen.

Die Garzeit beträgt ca. 20–30 Minuten, der Kuchen darf in der Mitte noch etwas »matschig« sein.

3

DIE BUS-SAUNA AM RUKA-FJELL, KUUSAMO

KUUSAMO
LJR-582

KLEINE MARÄNEN IN DER KARAOKE-SAUNA

Die Kälte hat aus den Nadelbäumen am Fjell pralle Schneebaisers gemacht. Die Sonne steht noch niedrig, aber sie strahlt. Am Polarkreis geht die Winterdunkelheit allmählich ins Frühjahr über.

Der Bus fährt den Vuosseli-Hang am Ruka-Fjell hinauf. Von außen sieht das Fahrzeug – abgesehen vom Schornstein – wie ein gewöhnlicher Reisebus aus, aber in seinem Inneren tut sich eine andere Welt auf: Statt Plüschsitzen gibt es eine Sauna samt Vorraum zum Abkühlen. Sogar eine Dusche mit warmem Wasser gibt es!

In der Sauna, die im hinteren Teil des Busses eingebaut ist, werden die Holzscheite im Ofen von Kilometer zu Kilometer kleiner. Diesmal ist die Fahrt eher kurz, doch manchmal holt der Saunabus auch nackte Passagiere vom mehr als 200 Kilometer entfernten Flughafen Oulu ab.

Im Februar, während der hektischen Skiferien, wärmen sich drei Skilehrer vom Ruka-Fjell – ein Finne und zwei Britinnen, die für die Saison nach Finnland gekommen sind – mit zwei Angestellten des Safari-Büros am Nachmittag in der mobilen Sauna auf. Obwohl es steil und kurvenreich bergauf geht, braucht man auf den Pritschen keine Sicherheitsgurte. Sobald die Sauna geparkt ist, singt der Fahrer zum Zeitvertreib ein bisschen Karaoke.

Die Saunenden tollen im Puderschnee umher, und die Kleinen Maränen von der Sorte *Kitkan Viisas* (die Ursprungsbezeichnung ist von der EU geschützt), schwimmen in der Butter, die in der Pfanne auf dem Saunaofen schäumt.

ROGGEN- UND FLADENBROT-STICKS

Roggenbrot
Fladenbrot (oder anderes helles Brot)
Knoblauch
50 g Butter
Salz
(Kräuter)

Das Brot zu Sticks schneiden, den Knoblauch hacken. Die Butter mit einer Prise Salz in einer gusseisernen Pfanne auf den Ofensteinen zerlaufen lassen. Sobald sie heiß ist, die Brotsticks und den Knoblauch und je nach Geschmack die Kräuter hineingeben. Knusprig braten.

GEBRATENE KLEINE MARÄNEN

500 g ausgenommene Kleine Maränen
300 ml Roggenmehl
Salz
Weißer Pfeffer
100 g Butter zum Braten

Die Kleinen Maränen mit Küchenpapier trockenreiben, in Roggenmehl wenden und in reichlich Butter portionsweise in der Pfanne braten. Mit Salz und weißem Pfeffer würzen.

Dazu einen Dip nach Wunsch reichen (siehe S. 40–41).

Kleine Maränen muss man nicht entgräten. Man isst sie komplett, mit Kopf, Flossen, Schwanz und Gräten.

KLEINE KNOBLAUCHMARÄNEN

500 g ausgenommene Kleine Maränen
3 Stücke abgerissenes Roggenbrot
3-4 Knoblauchzehen
100 ml Dill
300 ml Roggenmehl
Salz
Schwarzer Pfeffer
150 g Butter zum Braten

Die Kleinen Maränen mit Küchenpapier trockenreiben. Das Roggenbrot in kleine Würfel schneiden, den Knoblauch kleinschneiden und den Dill hacken.

Eine gusseiserne Pfanne auf den Saunasteinen erhitzen und reichlich Butter hineingeben. Die Kleinen Maränen in Roggenmehl wenden und in die Pfanne legen. Knoblauch und Brotstücke hinzugeben. Die Brotwürfel knusprig braten, eine Prise Salz und Pfeffer und reichlich Dill darüberstreuen.

Dazu einen Dip nach Wunsch reichen (siehe S. 40–41).

PREISELBEER-DIP

½ Zitrone
250 ml Crème fraîche
4 EL Preiselbeerkonfitüre
1 TL Salz
½ TL schwarzer Pfeffer

Den Saft einer halben Zitrone auspressen. Alle Zutaten miteinander vermischen und eine halbe Stunde ziehen lassen.

DILL-JOGHURT-DIP

1 Schalotte
100 ml Dill
½ Zitrone
250 ml Naturjoghurt
1 TL Salz
½ TL schwarzer Pfeffer

Zwiebel und Dill hacken, die halbe Zitrone auspressen. Alle Zutaten vermischen und eine halbe Stunde ziehen lassen.

SENF-DIP

250 ml saure Sahne
4 EL Dijonsenf
4 EL Honig
1 TL Salz
½ TL schwarzer Pfeffer

Alle Zutaten mischen und eine halbe Stunde ziehen lassen.

DIE EISSAUNA VON SIEVI

4

FEURIGE GARNELENSCHWÄNZE UND LATINO-TÄNZE

Die Fanatiker des Saunavereins Sievenkylä in der Gemeinde Sievi haben nun schon im dritten Winter hintereinander eine Eis-Sauna errichtet.

Die Eis-Sauna erinnert an einen riesigen Eiswürfel und gleicht einer Liebesgeschichte: Mit jedem Aufguss, den man auf der Haut spürt, schmilzt etwas Eis von den Wänden, und man rückt dem Abschied näher. In einem guten Winter mit kräftigem Frost hält es die Sauna aus, zwanzig- bis dreißigmal beheizt zu werden.

Früher haben die Mitglieder des Saunavereins die für den Bau der Sauna benötigten Blöcke aus dem Eis des Teiches in der ehemaligen Kiesgrube gesägt. In diesem Winter ist die Sauna aufgrund der launischen Minusgrade, aber auch aus Experimentierfreude mithilfe einer Verschalung entstanden. Zuerst hat man Wände aus Holzplatten errichtet und zwischen diese über mehrere Tage hinweg nach und nach Wasser gegossen, immer zwanzig, dreißig Zentimeter auf einmal. Dann kam eine Wärmewelle dazwischen, und man musste ein neues Fundament aus Schneematsch legen. Als bei –20 Grad dann endlich 8000 Liter Wasser gefroren waren, wurde die Verschalung entfernt.

Die meisten Schnee- und Eis-Saunas haben einen beweglichen Holzofen auf Rädern, aber in Sievi hat sich ein kleiner Elektrosaunaofen als die bessere Lösung erwiesen.

In der Sauna mit den eisigen Wänden genießen die Saunierenden die feuchten und heißen Wellen, reden über lateinamerikanische Tänze und rätseln, wer sich heute ins Eisloch wagt, das von einer dünnen Eiskruste bedeckt ist.

Nach kurzem Eintauchen im Eisloch und Wälzen im Schnee werden auf dem Elektroofen nussige, warme Roggenbrote und Salmiaktoffees gebacken. Und während nebenan in der Ganzjahressauna feurige Garnelenschwänze auf dem mit Holz beheizten Ofen gar werden, legt sich die blaue Stunde über die Eis-Sauna von Sievi.

FEURIGE MANGO-GARNELENSCHWÄNZE

30 Riesengarnelenschwänze
1 Chilischote
1 Knoblauchzehe
200 ml Mangopüree
1 EL Paprikapulver
1 EL Cayennepfeffer
1 EL getrockneter Thymian

Spieße aus Holz oder Metall

Den Darm aus den Riesengarnelenschwänzen entfernen und die Garnelen mit Küchenpapier trocken tupfen. Die Chilischote halbieren und die Kerne entfernen. Die Knoblauchzehe kleinschneiden. Chili und Knoblauch im Mörser zu einer Paste zerdrücken und unter das Mangopüree rühren. In einer Schüssel die Garnelenschwänze mit der Mango-Chili-Paste vermischen. Eine Stunde ziehen lassen.

Die trockenen Gewürze im Mörser zerstoßen, damit sich ihre Aromen beim schnellen Garen besser verteilen. Die Gewürzmischung über die Riesengarnelenschwänze streuen.

Die Garnelenschwänze auf die Spieße schieben und über der Glut in der Brennkammer rasch garen. Wenn lange Spieße zur Hand sind, können die Garnelen so gegart werden, wie man Würstchen am Feuer grillt. Man kann die Spieße auch oberhalb des Rostes platzieren, so dass ein Ende auf dem Randstein der Brennkammer liegt und das andere auf dem Rand der Ofenklappe. Man kann sie auch in einer Auflaufform, auf dem Blech oder einer Grillplatte garen, entweder im Ofen oder auf den heißen Steinen, bei gelegentlichem Wenden.

Mit Blaubeer-Senf-Dip servieren.

BLAUBEER-SENF-DIP

1 Becher saure Sahne
Einige Zweige frischer Thymian
2 EL Blaubeersenf
oder
1 EL Dijonsenf
1 EL Blaubeeren

In einer Schüssel die saure Sahne und den gehackten Thymian vermengen. Blaubeersenf oder mit Dijonsenf verrührte Blaubeeren hinzugeben.

NUSSIGE ROGGENÜBERRASCHUNG À LA EISLOCHSCHWIMMER

1 Bund Rucola
4 dicke Scheiben Käse
mit kräftigem Aroma
200 ml Macadamia-Nüsse
150 ml Pinienkerne
4 kleine, runde Scheiben Roggenbrot

Alufolie oder Backpapier

Dieses Gericht lässt sich leicht und schnell während des Saunagangs in einer mit Alufolie oder Backpapier ausgekleideten Schöpfkelle zubereiten.

Die Metallkelle mit Alufolie oder Backpapier auslegen, ein ordentliches Rucola-Bett hineingeben, darauf eine dicke Scheibe Käse, 50 ml Macadamia-Nüsse und knapp 50 ml Pinienkerne. Mit einer Scheibe Roggenbrot zudecken.

Die Kelle ca. fünf Minuten über dem Ofen erwärmen, dann den Inhalt auf einen Teller stürzen.

SAUNAOFEN-TOFFEE, MOOSBEEREN UND SALMIAK

DIE HERSTELLUNG DES TOFFEES ERFORDERT ETWAS ZEIT, ABER DAS ERGEBNIS LOHNT DIE MÜHE. STATT SALMIAK KANN MAN JE NACH SAISON VERSCHIEDENE ZUTATEN UNTERMISCHEN: PROBIEREN SIE ES IM SOMMER MIT ESSBAREN BLUMEN WIE DER WILDEN MALVE. UM WEIHNACHTEN HERUM KANN MAN AUCH PFEFFERKUCHENSTÜCKE, ZIMT, TROCKENPFLAUMEN ODER AUCH KIRSCHEN HINEINSTREUEN UND EINEN SCHUSS RUM HINZUGEBEN.

100 g Butter
700 ml Zucker
1 Dose Kondensmilch (ca. 400 g)
50 ml fettarme Milch
50 ml Salmiak-Sirup (»Apteekin Salmiakki Mixeri«)
200 ml getrocknete Beeren (z. B. Moosbeeren, Himbeeren, Blaubeeren)
100 g weiße Schokolade
1 Schachtel Salmiak (15 g; am besten »Apteekin Salmiakki«)

Die Herstellung des Toffees sollte man so planen, dass die Steine gut Wärme haben. Bei kleinen Öfen, wo der Abstand zwischen Brennkammer und Steinen gering ist, sollte während der Zubereitung kein Holz mehr nachgelegt werden.

Die Butter in einem Topf auf den Steinen schmelzen. Zucker, Kondensmilch und fettarme Milch hinzufügen. Rühren, bis die Masse kocht, fünf Minuten bei ständigem Umrühren kochen und dann bei niedrigerer Wärme weiterrühren (am Rand des Ofens ist die Wärme oft am geringsten, man kann das Kochen auch beeinflussen, indem man den Topf etwas schief hält oder ihn so auf die Steine stellt, dass der Boden möglichst wenig Steinfläche berührt).

Den flüssigen Salmiak und die getrockneten Beeren untermischen. Fünfzehn Minuten bei milder Hitze rühren und vom Ofen nehmen. Etwa 15 Minuten weiterrühren, bis die Masse dick wird.

Die weiße Schokolade in Stücke brechen und zusammen mit ¾ des Inhalts der Salmiak-Schachtel unter die Masse heben. Den übrigen Salmiak zum Garnieren aufheben. Leicht verrühren, bis die Schokolade anfängt zu schmelzen und Streifen entstehen.

Eine ca. 20 x 20 cm große Form ausfetten oder mit Backpapier auskleiden, die Masse hineingeben, den restlichen Salmiak darüberstreuen. Das Toffee 24 Stunden im Kühlen fest werden lassen.

DIE ZIEHBARE SAUNA

5

VON LINNANMAA, OULU

WALPURGISBRUNCH DER QUASTENMÜTZEN

Am Morgen nach dem Walpurgistag ist es kühl und bewölkt, der Mai bringt Regen mit. Die Studenten der Technischen Fakultät mit ihren traditionellen Quastenmützen haben genug gesungen, und sogar die Luftballons scheinen vom Durchfeiern der Walpurgisnacht schlapp gemacht zu haben. Eine kleine Gruppe von Studenten hat trotzdem noch die Energie, den Saunaofen mit Holzscheiten zu füttern. Ein paar Flaschen Sekt kühlen in einem Schneehaufen hinter der Sauna vor sich hin, auf dem Ofen werden warmer Kartoffelsalat, Heringsomelette und Rocky-Road-Bündel gegen den süßen Hunger zubereitet.

Die Sauna der Umweltbauingenieur-Fakultät der Universität Oulu, hat schon eine Menge Kilometer mit Erstsemestern zurückgelegt.

Ursprünglich wurde die Sauna 1982 von der Gilde der Bauingenieure der Universität Oulu gebaut, um eine Spitzenleistung im Sauna-Ziehen zu erbringen. Man knöpfte damals den Studenten der Technischen Hochschule Otaniemi in Espoo den Rekord ab und riss zugleich den Weltrekord im Sauna-Ziehen an sich, der noch immer in Kraft ist: Die Sauna wurde ohne Unterbrechung sieben Tage am Stück gezogen.

Im Lauf der Jahre ist das gute Stück renoviert worden. 2005 wurde ihre Grundkonstruktion verstärkt. Zugleich bekam das Aufgusswunder, das schon einmal mehr als zwanzig Personen aufnahm, einen neuen Ofen.

Das legendäre Phallus-Thermometer an der Wand der Gilde-Sauna wird sich heute zum letzten Mal vor den Semesterferien aufrichten.

5 DIE ZIEHBARE SAUNA VON LINNANMAA, OULU

HERINGSOMELETTE IN DER KELLE

1 kleines Glas Hering
(z. B. Schweden-Filets,
Schwedenhappen o. Ä.)
Schnittlauch
Eier

Alufolie oder Backpapier

Die Heringsstücke kleinschneiden und den Schnittlauch fein hacken. Ein Ei in einer Tasse aufschlagen, jeweils 1 TL kleingeschnittenen Hering und eine Prise Schnittlauch hinzugeben, vermischen. Die Mischung in eine mit Alufolie oder Backpapier ausgekleidete Metallkelle geben und auf den Steinen braten. In eine traditionelle Aufgusskelle passt normalerweise immer ein Omelette auf einmal.

WARMER KARTOFFELSALAT

6 festkochende Kartoffeln
1 Bund Schnittlauch
6 Scheiben luftgetrockneter Schinken
4 EL Kapern
100 ml Öl
Salz
Pfeffer
Walnüsse

Die Kartoffeln in mundgerechte Stücke teilen. Schnittlauch und Schinken kleinschneiden. Kartoffeln, Schnittlauch, Schinken, Kapern, Öl und Gewürze in einer Schüssel vermengen. In vier feuerfeste Formen füllen und im Ofen garen.

Man kann auch gekochte Kartoffeln verwenden, dann genügt ein kurzes Aufwärmen auf den Steinen oder im Ofen.

Über den warmen Salat Walnüsse streuen und mit Sima-Salatdressing servieren.

SALATDRESSING MIT SIMA

200 ml Olivenöl
100 ml Balsamico
2 EL Sima
(finnisches Maigetränk; man kann auch Met nehmen)
1 EL Dijonsenf
1 EL flüssiger Honig
1 EL Salz
1 EL grüner Pfeffer

Alle Zutaten in eine Flasche oder ein Glas mit Deckel füllen und gut schütteln.

WALPURGIS' ROCKY ROAD

100 g dunkle Schokolade
100 g weiße Schokolade
ca. 10 große Marshmallows
100 ml getrocknete Moosbeeren
100 ml Rosinen
100 ml gesalzene Nüsse
5 Digestive (Vollkorn-)Kekse

Alufolie
Backpapier

Die Schokolade grob in Stück brechen und die Marshmallows zerschneiden. Alle Zutaten außer den Keksen in einer Schüssel vermischen. Aus starker Alufolie und Backpapier jeweils fünf ca. 30 x 30 cm große Quadrate ausschneiden.

Zuunterst ein Stück Alufolie legen, darauf ein Backpapierquadrat und in die Mitte einen Digestive-Keks. Nun den Folienrand so weit anheben, dass sich ein Gefäß bildet. Eventuell eine kleine Schüssel zur Hilfe nehmen.

Auf jeden Keks ca. 150 ml Schokoladenmischung geben, dann die Folie zu einem zwiebelförmigen Bündel verschließen. Die Bündel bei schwacher Hitze wärmen, zum Beispiel schon beim Einheizen der Sauna oder in der Nachwärme, bis die Schokolade geschmolzen ist.

Sollte die Sauna sehr heiß sein, kann schon die unterste Pritsche ausreichen, um die Schokolade zu schmelzen. Die Bündel vor dem Servieren abkühlen lassen.

6

DIE GARTENSAUNA IN KORVENKYLÄ

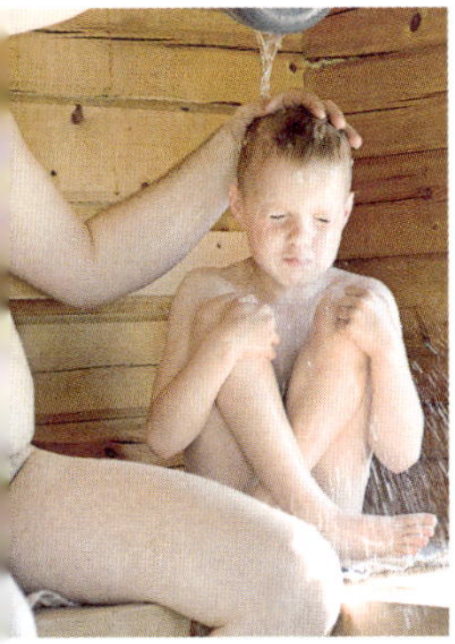  

WIE EIN FRISEUR SEINER FAMILIE EINEN SAUNAOFEN ERSCHNITT

In die Sauna, Jungs!, ruft der Mann den beiden Jungen Niilo und Onni zu, die vor dem blauen Himmel auf und ab hüpfen. Flugs leert sich das Trampolin.

Die weiße Sauna im Garten des modernen Einfamilienhauses war ursprünglich einmal ein Grillhäuschen. Wenn Besuch da war, endeten die Abende immer damit, dass der Grill die Gäste ausräucherte. Also wurde beschlossen, aus dem Grillhäuschen gleich eine Sauna zu machen, wenn auch keine Rauchsauna.

Von April bis Oktober – und natürlich an Weihnachten – schlägt die Gartensauna die elektrisch betriebene Sauna im Haus locker. In ganz Korvenkylä weiß man, dass die Gartensauna im Sommer fast jeden Abend beheizt wird, und regelmäßig taucht ein Nachbar mit seinem Handtuch auf, steht ein bisschen herum und erkundigt sich, ob der Saunaofen denn schon heiß ist.

Der spendable, kleine und temperamentvolle Ofen kam als Gegenleistung für einen Haarschnitt ins Haus, welchen der Hausherr jemandem verpasst hatte. Heute wird der Wassertank am Ofen noch mit einer höheren Aufgabe betraut: Er darf als Sous-vide-Garer für zartes Rindfleisch dienen. Während die frischen Kartoffeln auf den Steinen kochen, wird das vakuumisierte Fleisch im heißen Wasser gar. Legt man zwei Birkenscheite nach, bekommen die im Wasser gegarten Fleischstücke auf der Grillplatte noch schnell eine schöne braune Farbe.

So lange die Jungs noch mit ihrem Vater in der Sauna sitzen, hilft ihre große Schwester Fanni beim Kneten des Teigs für die aufgespießten Hefewecken. Wenn dann nach den Saunagängen nur noch Glut im Ofen ist, mangelt es nicht an Händen, die beim Backen helfen.

ZARTES FLEISCH AUS DEM HEISSWASSERTANK

100 g Rumpsteak pro Person
1 Limette
Chiligewürzmischung
Zerstoßener schwarzer Pfeffer
150 g Bacon
1 Bund frische Minze
Öl

Druckverschlussbeutel

Aus dem Rumpsteak würfelartige Mini-Steaks schneiden. Die Limette auspressen. Das Fleisch mit der Chiligewürzmischung, schwarzem Pfeffer und Limettensaft einreiben, und jedes Stück mit einer Scheibe Bacon umwickeln.

Jedes kleine Steak mit ein paar Blättern frischer Minze in einen eigenen Druckverschlussbeutel geben. Den offenen Beutel mit dem Fleisch vorsichtig in kaltes Wasser tauchen, z. B. in einen Eimer, und bis zum Rand des Beutels absinken lassen – gerade so, dass kein Wasser in den Beutel laufen kann. Wenn der Wasserdruck alle Luft aus dem Beutel gedrückt hat, den Beutel sorgfältig verschließen und dann erst aus dem kalten Wasser nehmen.

Das Fleisch wird in den Druckverschlussbeuteln im Heißwassertank des Saunaofens oder im Feuerkessel gegart. Die Wassertemperatur sollte etwa 70 Grad betragen, das Wasser darf auf keinen Fall sieden. Garzeit ca. 15 Minuten.

Unter Wasser werden die Beutel nicht beschädigt, auch wenn sie die Wände des Tanks berühren. Beachten Sie beim Herausnehmen der Beutel aber, dass das Metall oberhalb des Wassers deutlich heißer sein und den Kunststoff zum Schmelzen bringen kann.

Vor dem Servieren den Steaks auf einer Grillplatte über den Ofensteinen etwas Farbe geben.

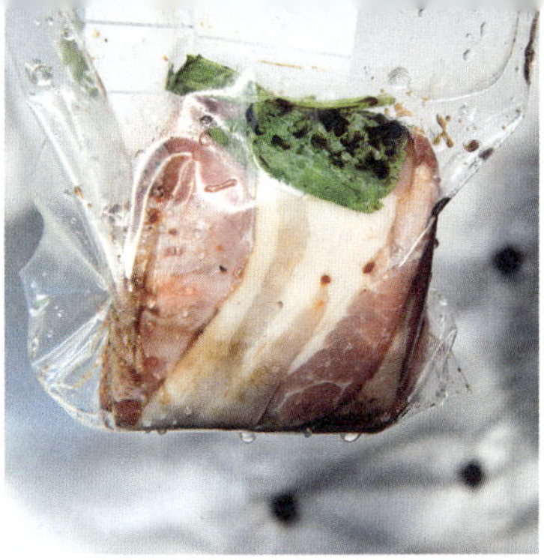

SAHNIGER KARTOFFELTOPF

1 kg Frühkartoffeln
150 g Speck
1 Bund Frühlingszwiebeln
Schwarzer Pfeffer
Salz
300 ml Koch- bzw. Schlagsahne

Butter oder Margarine zum Fetten des Bräters

Einen feuerfesten Bräter ausfetten. Die Kartoffeln abbürsten, in Stücke schneiden und in den Bräter füllen. Speck und Frühlingszwiebeln schneiden und zu den Kartoffeln geben. Schwarzen Pfeffer und Salz darüberstreuen, und zum Schluss die Sahne hinzugießen.

Im Saunaofen gar werden lassen. Man kann auch feuerfeste Portionsförmchen verwenden. Dann ist es auch möglich, das Gericht direkt auf den Ofensteinen zu kochen.

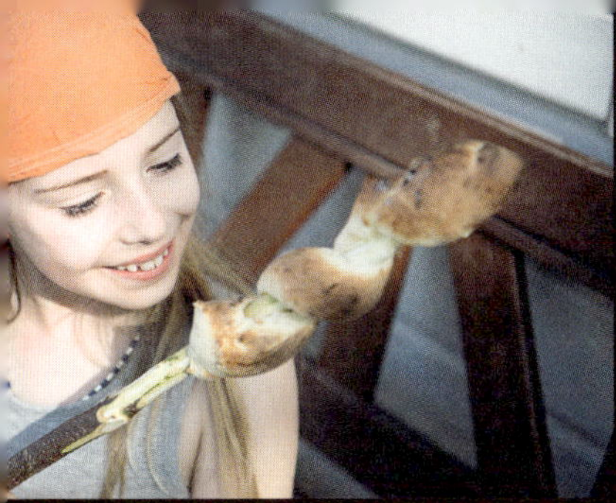

FANNIS AUFGESPIESSTE HEFEWECKEN

500 ml Milch
1 Würfel Hefe
1 TL Salz
100 ml Zucker
3 Eier
ca. 1 l Weizenmehl
150 g zimmerwarme Butter
oder Margarine

Die Hefe in die lauwarme Milch bröckeln. Salz, Zucker und Eier hinzufügen. Mit dem Mehl vermischen und dann mit Butter oder Margarine zu einem Teig kneten. Zugedeckt auf der unteren Pritsche der warmen Sauna eine halbe Stunde gehen lassen. Aus dem Teig lange Würste rollen und um die Spitze eines Spießes wickeln.

Über der Glut im Saunaofen backen.

Dazu passt z. B. Moltebeermarmelade mit Limette.

MOLTEBEERMARMELADE MIT LIMETTE

Frische Minze
1 Limette
200 ml Moltebeermarmelade

Die Minze hacken und die Limette auspressen. Minze und Limettensaft mit der Marmelade vermischen und mit den warmen aufgespießten Hefewecken servieren.

EINE MODERNE STADTSAUNA IN OULU

7

FONDUE, BEVOR DER ABEND BEGINNT

Den ganzen Frühling über haben die drei Studentinnen gemeinsam in die Sauna gehen wollen. Weil sich das Trio aber auf der Zielgeraden des Studiums befindet, hat es bislang nie geklappt. Ende Mai gibt der Terminkalender endlich einen Samstagnachmittag zum Saunieren und lockeren Zusammensein her.

Bevor die drei ausgehen, bereiten sie in der modernen Stadtsauna mit ihren schwarzen Wänden mühelos salziges und süßes Fondue auf dem turmartigen Elektroofen zu. Das mit Sekt und der frischen Säure von jungen Fichtentrieben angesetzte Käsefondue erhält als Begleitung ein leichtes, in der Sauna geröstetes Sauerkleebaguette, das ins Fondue getunkt wird. Zusammen mit Brennnesseln wird Stangenspargel im Paket auf die Steine gelegt.

Gegessen wird auf den Pritschen, denn in der Wärme der Sauna benötigen die Fondues kein Stövchen (Rechaud), um dickflüssig zu bleiben.

Nach dem Dippen und Genießen ist es an der Zeit, sich ins Nachtleben zu stürzen. Es heißt ja nicht umsonst, der Mensch sei eine Stunde nach der Sauna am schönsten.

STANGENSPARGEL MIT BRENNNESSELN IM PÄCKCHEN

4 Stangen weißer Spargel
1 Bund junge Brennnesseln
Schwarzer Pfeffer
Grobes Meersalz
Butter

Pergamentpapier
Naturfaserschnur (darf keinen Kunststoff enthalten, der in der Hitze schmelzen könnte)

Die Spargelstangen nebeneinander aufs Pergamentpapier legen und mit Brennnesseln bedecken. Mit schwarzem Pfeffer und grobem Meersalz würzen. Butterflöckchen draufsetzen, die Ränder des Pergamentpapiers zuschlagen und das Päckchen mit der Schnur verschließen.

In einer Auflaufform, einer gusseisernen Pfanne oder auf dem Brotbackstein im oder auf dem Saunaofen garen.

SAUERKLEEBAGUETTE

1 Baguette
3 Knoblauchzehen, frisch oder geröstet (siehe S. 80)
50 ml Olivenöl
200 ml Sauerklee
1 EL Fingersalz

Das Baguette halbieren und den Knoblauch fein hacken. Die Baguettehälften mit Olivenöl bestreichen, den Sauerklee darauf verteilen, Fingersalz und fein gehackten frischen oder zerdrückten gebratenen Knoblauch darüberstreuen.

Die Baguettehälften auf dem Brotstein oder in einer feuerfesten Form auf den Ofensteinen oder bei milder Nachwärme in der Feuerstätte rösten. Anschließend in Würfel schneiden.

DER SAUERKLEE MIT SEINEM ETWAS AN ESSIG ODER ZITRONE ERINNERNDEN AROMA KANN ALS WILDKRAUT DEN SOMMER ÜBER VERWENDET WERDEN, AUCH DIE WEISSEN BLÜTEN KANN MAN ESSEN.

PERLENDES KÄSEFONDUE MIT FICHTENTRIEBEN

200 g kräftiger Emmentaler
200 g Gruyère
200 g Appenzeller
300 ml trockener Sekt
4 junge Fichtentriebe
3 TL Maisstärke
3 EL Moltebeerenlikör
Weißer Pfeffer
Geriebene Muskatnuss

Gemüse zum Dippen

Den Käse reiben. Einen großen Topf auf den Saunaofen stellen und warm werden lassen. Sekt hineingießen, Fichtentriebe hinzugeben, aufkochen lassen und die Fichtentriebe sofort wieder herausnehmen. Nach und nach den Käse in den heißen Sekt bröckeln. Die Maisstärke mit dem Moltebeerenlikör verrühren und langsam in den Topf gießen, dabei rühren. Die Gewürze hinzufügen.

Wird das Fondue nicht in der Sauna serviert, den Topf auf ein Rechaud oder ein Stövchen stellen. Das Fondue zwischen dem Dippen gelegentlich umrühren.

Saisongemüse und knuspriges Sauerkleebaguette dazu reichen.

DREI-SCHOKOLADEN-FONDUE

150 g dunkle Schokolade
150 g Milchschokolade
150 g weiße Schokolade

Erdbeeren und andere Früchte zum Dippen

Die Schokolade in Stücke brechen und in einen feuerfesten Topf geben. In der Sauna schmelzen lassen, entweder auf der obersten Pritsche (wenn die Sauna heiß genug ist) oder indem man den Topf kurz auf die Steine stellt.

Zu dem Schokoladenfondue Früchte reichen. Besonders gut passen Pflaumen, Birnen, Erdbeeren, Aprikosen und frische Feigen.

DIE BLOCKHÜTTEN-SAUNA AM SEE, EVIJÄRVI

8

KINDHEITSAUFGÜSSE

Ein Sommer in der Kindheit, vor langer Zeit. Oma bestreicht eine Brasse, die in der Reuse war, mit Butter und wickelt den prächtigen Fisch in knisterndes Pergamentpapier. In einem Eimer mit Seewasser hat sie einen Stoß Zeitungen eingeweicht. Aus denen macht sie ein Paket für die Brasse, das sie zum Schluss noch in eine trockene Zeitung wickelt. Dann öffnet Oma die missmutig quietschende Klappe des pechschwarzen Saunaofens und schiebt das Zeitungspaket in die Glut.

Wenn das Kind auf der obersten Pritsche sitzt, tun ihm die Aufgüsse fast auf der Haut weh. Auch die schwarz gewordenen Balken schwitzen. Das Harz, das herausdringt, bleibt an den Milchzähnen hängen, wenn man es in den Mund nimmt.

Nach der Sauna öffnet Oma die Ofenklappe,

UND WILDE KRÄUTER

und der Zaubertrick hat geklappt: Die trockene Zeitung und ein Teil der feuchten Zeitungen sind als Asche abgefallen, und nach dem Auspacken kommt rauchig duftend ein kupferfarbener Fisch zum Vorschein.

In diesem Sommer werden in derselben Blockhaussauna, in der dieses Buch seinen Anfang nahm, wieder Zeitungen eingeweicht, es wird eine Brasse mit Butter eingerieben und einem Kind ein Zaubertrick vorgeführt. Nach Jahrzehnten ist der wärmespeichernde Ofen durch einen Nachlegeofen ersetzt worden. Manchmal vermisse ich das alte Ding noch.

Hinter der Sauna wachsen Frauenmantel, Weidenröschen, Drüsiges Springkraut, Giersch, Löwenzahn, Walderdbeeren, Wiesenklee und Brennnesseln – die besten Zutaten für warme Speisen, Crème brûlée und wilde Salate.

IN DER ZEITUNG GERÄUCHERTER FISCH NACH OMA HANNAS ART

2 dicke Zeitungen
1 großer Fisch (es muss nicht unbedingt eine Brasse sein)
Butter
Pergamentpapier
Heißes Wasser
Meersalz

Die eine Zeitung in Wasser einweichen. Den Fisch ausnehmen und mit Butter bestreichen. Den Fisch in Pergamentpapier wickeln und fest mit der feuchten Zeitung einpacken, immer ein paar Seiten auf einmal. Das Paket anschließend mit der trockenen Zeitung umwickeln.

Das Ganze in die Glut des Saunaofens legen. Wenn das Zeitungspaket verkohlt ist (alle Seiten der trockenen Zeitung sind vollkommen verkohlt und auch die feuchte Zeitung wird bereits schwarz), ist der Fisch fertig.

Den Fisch mit Kochhandschuhen und z. B. mit Hilfe von Schürhaken und Aschenschaufel aus dem Ofen nehmen. Einige Liter Wasser in eine saubere Schüssel gießen und das Meersalz darin auflösen. Die Lösung hat genug Salz, wenn sich hinzugefügtes Meersalz nicht mehr auflöst. Den heißen Fisch rasch ins Salzwasser tauchen.

AUBERGINE-SAGANAKI-AUFLAUF

1 große Aubergine
Salz, um sie zum Weinen zu bringen
1 ordentlicher Brocken (ca. 200 g) grillbarer Käse (z. B. Saganaki oder Halloumi)
1 Bund junge Gierschblätter (Ziegenkraut)
1 Bund Petersilie
1 geröstete Knoblauchzwiebel
100 ml Olivenöl

Butter oder Margarine zum Ausfetten der Auflaufform

Die Aubergine und den Käse in dicke Scheiben schneiden. Die Auberginenscheiben auf Küchenpapier legen und mit Salz bestreuen. Das Salz zieht die Flüssigkeit aus den Auberginen und sorgt für einen milderen Geschmack. Das Salz abspülen, nachdem die Auberginen etwa eine halbe Stunde »geweint« haben.

Giersch und Petersilie hacken. Die Auflaufform fetten und die Auberginen- und Käsescheiben so hineinschichten, dass die oberste Schicht aus Käse besteht. Auf die einzelnen Schichten gehackten Giersch und Petersilie streuen und gerösteten Knoblauch darüber zerdrücken. Zum Schluss Olivenöl darübergießen.

Bei gleichmäßiger Hitze im Saunaofen 30–40 Minuten garen, bis der Käse leicht geschmolzen ist und etwas Farbe bekommen hat.

GERÖSTETER KNOBLAUCH

Ganze Knoblauchzwiebeln mit Zehen
Butter oder Olivenöl
Salz, Pfeffer und Kräuter nach Geschmack

Den oberen Teil der Knoblauchzwiebeln abschneiden, so dass die Zehen sichtbar werden. Die Schnittstelle mit Butter oder Öl bepinseln, falls gewünscht mit Salz, Pfeffer oder Kräutern würzen. Die Knoblauchzwiebeln einzeln in Alufolie wickeln oder mehrere in eine feuerfeste Form setzen.

Im Ofen ca. 30 Minuten garen, bis der Knoblauch so weich ist, dass die Zehen beim Drücken als Paste herauskommen.

DER GESCHMACK VON GERÖSTETEM KNOBLAUCH IST MILDER UND AROMATISCHER ALS VON ROHEM UND PASST ZU VIELERLEI WARMEN SPEISEN.

HUHN-WILDKRÄUTER-HOTPOT

400 g gefrorenes Hühnerbrustfilet
1 l Wasser
200 ml japanische Sojasoße
50 ml Teerlikör (*Tervaliköōri*)
10 Gierschblätter (Ziegenkraut)
1 Bund Drüsiges Springkraut

Spieße aus Holz oder Metall

Die eiskalten Hühnerfilets z. B. mit dem Käsehobel in dünne Scheiben schneiden, falten und auf die Spieße schieben.

Einen großen, hohen, feuerfesten Topf auf den Saunaofen stellen. Die Zutaten für die Hotpot-Brühe hineingeben: Wasser, Sojasoße, Teerlikör, Giersch und Springkraut.

Abwarten, bis die Brühe kocht, dann die Spieße hineinstellen, so dass das Fleisch be-

deckt ist. Das eine Ende der Spieße bleibt oberhalb der Brühe, so dass man sie leicht herausnehmen kann, wenn das Fleisch gar ist. Etwa 10 Minuten ziehen lassen.

Das Huhn mit den Wildkräutern aus der Brühe nehmen und mit Sojasoße servieren.

TEERLIKÖR HAT NICHTS MIT STRASSENBELAG ZU TUN, SONDERN IST EIN FINNISCHES KULTGETRÄNK, DAS FEIN AN RÄUCHERAROMEN ERINNERT.

FOCACCIA MIT WILDKRÄUTER-PESTO

FOCACCIA

350 ml Wasser
½ Würfel Hefe
2 TL Salz
½ TL Zucker
700 ml Weizenmehl
50 ml Olivenöl

Backpapier

WILDKRÄUTER-PESTO

300 ml Wildkräuter (Brennnessel, im Frühsommer Walderdbeerblätter, junge Kleeblätter)
50 ml Sonnenblumenkerne
2 Knoblauchzehen, roh oder geröstet
50 ml geriebener Parmesan
50 ml Olivenöl

Kirschtomaten
Oliven
Grobes Meersalz

Die Hefe im lauwarmen Wasser auflösen, Salz und Zucker hinzugeben. Mit dem Mehl zu einem Teig verkneten und dabei das Olivenöl zugießen. In der Sauna auf der untersten Pritsche zugedeckt gehen lassen.

Den Teig mit den Händen auf einem Brotbackstein, einem mit Backpapier ausgelegtem Blech oder in einer mit Backpapier ausgekleideten Auflaufform (jeweils feuerfest) zu einem ovalen Fladen ziehen, ein feuchtes Küchenhandtuch darüberlegen und noch einmal 20 Minuten in der Saunawärme gehen lassen.

Währenddessen das Wildkräuter-Pesto zubereiten. Dazu die Brennnesseln rasch in Wasser aufkochen und im Sieb abtropfen lassen. In einem Mörser die Sonnenblumenkerne zerstoßen, Knoblauch, die Wildkräuter und den Parmesan hinzufügen und alles zu einer Paste zerdrücken. Zum Schluss in einem dünnen Faden das Olivenöl hinzugeben.

Mit dem Finger Mulden in die Focaccia drücken und mit Pesto füllen. Dazu Oliven und halbierte Tomaten in den Teig drücken.

Alles noch mit etwas Olivenöl beträufeln und grobem Meersalz bestreuen. Im Saunaofen 20–30 Minuten backen.

VERAS WILDER SALAT

SAMMELN SIE DIE ESSBAREN BLUMEN UND JUNGEN BLÄTTER FÜR DEN SALAT AN EINER SAUBEREN STELLE. SAMMELN SIE NUR PFLANZEN, DIE SIE MIT SICHERHEIT BESTIMMEN KÖNNEN. DIE MEISTEN NATURGEWÄCHSE SCHMECKEN VOR MITTSOMMER AM BESTEN, FRAUENMANTEL UND GIERSCH BRINGEN DEN GANZEN SOMMER ÜBER EINE REICHE ERNTE HERVOR. AUCH DAS DRÜSIGE SPRINGKRAUT IST IN DER GESAMTEN SAISON BIS IN DEN HERBST HINEIN VERWENDBAR, SEINE BLÜTEN UND SAMENHÜLSEN SIND EBENFALLS KÖSTLICH.

Olivenöl
Frauenmantelblätter
Gierschblätter
Löwenzahnblätter mit glattem Rand
Weidenröschenrosetten
Essbare Blumen der Saison (z. B. Klee, Gänseblümchen, Schmalblättriges Weidenröschen, Drüsiges Springkraut)
Kürbiskerne
Fingersalz

Eine gusseiserne Pfanne oder eine gusseiserne Grillplatte mit Rand auf den Saunaofen stellen und erhitzen. Einen halben Zentimeter Öl einfüllen und die jungen Blätter von Frauenmantel und Giersch rasch frittieren.

Aus den übrigen Wildkräutern und den essbaren Blumen auf einem Teller ein Salatbett anrichten, die frittierten Blätter und die Kürbiskerne darauf verteilen. Fingersalz darüberstreuen und mit Olivenöl beträufeln.

FRÄULEIN HELKAS WARMER OBSTSALAT

3 Nektarinen
3 Aprikosen
5 Feigen
Kirschen
50 ml Muscovado-Zucker
200 ml Naturjoghurt
2 EL flüssiger Honig

Eine gusseiserne Pfanne mit Backpapier auslegen und auf dem Saunaofen warm werden lassen. Das Obst kleinschneiden und kurz in der Pfanne erhitzen. Kurz vor dem Ende Muscovado-Zucker daraufstreuen und die Obststücke vorsichtig wenden, bis der Zucker vollständig geschmolzen ist.

In einer Schüssel Joghurt mit Honig verrühren und zu dem warmen Obstsalat reichen.

ERDBEER-MÄDESÜSS-CRÈME BRÛLÉE

4 Eier
150 ml Zucker
1 EL Blüten oder weiße Knospen vom Mädesüß
50 ml Kartoffelmehl
300 ml Schlagsahne
100 ml Milch
2 EL Zucker (zum Bestreuen)
5 Erdbeeren

Backpapier

Eier und Zucker schaumig schlagen, Mädesüß und Kartoffelmehl unter tüchtigem Schlagen hinzufügen. Langsam Sahne und Milch einrühren.

Die Mischung in eine mit Backpapier ausgekleidete feuerfeste Form geben. Bei gleichmäßiger Hitze im Saunaofen 20–30 Minuten garen, wenn die Glut nicht mehr ganz so heiß ist. Erdbeeren daraufsetzen, mit Zucker bestreuen und für weitere 15 Minuten in den Ofen stellen.

MÄDESÜSS IST NICHT FÜR PERSONEN GEEIGNET, DIE ÜBEREMPFINDLICH AUF ACETYLSALICYLSÄURE BZW. ASPIRIN REAGIEREN. SEIN GESCHMACK ERINNERT AN VANILLE UND MANDELLIKÖR, ES KANN DURCH 1 TEELÖFFEL VANILLEZUCKER ERSETZT WERDEN.

9

DIE RAUCHSAUNA AN DER STROMSCHNELLE KUKKOLANKOSKI

MARÄNEN UND GESTÜRZTER KUCHEN

Unterhalb der grauen Sauna mit dem bewachsenen Dach rauscht die größte ungebändigte Stromschnelle Nordeuropas. Der Hausherr hat am frühen Morgen vom Ufer aus ein paar Maränen erwischt. Für die ist nun der Saunaofen beheizt worden. Die frischen Fische erhalten in der höhlenartigen Feuerkammer Gesellschaft von neuen Kartoffeln, grünem Spargel, jungem, saftigem Rhabarber und Erdbeeren.

Wie es der Tradition hier im Torniolaakso-Tal entspricht, stammen die über hundert Jahre alten Balken der vor zwanzig Jahren errichteten Rauchsauna von einem alten Haus, das in der Stadt Tornio abgerissen wurde. Als Baumaterial für den Ofen sind dunkle Flusssteine verwendet worden, und über der rauchenden Feuerstätte erhebt sich ein Steinhaufen wie ein Hügel. Genau so einen Saunaofen gab es in meinem Elternhaus auch. In schöner Eintracht teilt sich mit ihm ein kleiner Ofen die Steine, der immer dann benutzt wird, wenn man die Sauna schneller einheizen will oder wenn man an einem langen Saunaabend zusätzliche Wärme braucht.

Während der Nachtisch noch in der Feuerstätte karamellisiert und die Saunawichtel mit sahnigem *Leipäjuusto* im Magen den Ofenberg hinaufklettern, kommen drei Freundinnen der Familie in die milde Wärme, um sich mit Birkenbüscheln (Quasten) abzuklopfen. Der Hausherr bindet draußen neue Büschel, und zwischendurch hört man spitze Schreie, wenn die Mädels in die frische Stromschnelle tauchen, die erst vor Kurzem ihren Eismantel abgelegt hat.

GEFÜLLTE MARÄNE IM SAUNAOFEN

4 ganze Maränen (bzw. Renken oder anderer Weißfisch)
Salz
1 Limette
1 dickes Bund Schnittlauch
50 g Butter

Alufolie

Die Fische ausnehmen und entschuppen und die Haut an mehreren Stellen einritzen. Mit Salz einreiben und von innen und außen mit dem Saft der ausgepressten Limette befeuchten. Den Schnittlauch hacken.

Die Bäuche der Fische mit Schnittlauch und einem Stich Butter füllen. Jeden Fisch einzeln in Alufolie wickeln und auf der fast erloschenen Glut langsam garen.

OFENKARTOFFELN

Frühkartoffeln
1 Bund Frühlingszwiebeln
Butter
Salz

Butter oder Margarine zum Ausfetten des Bratgefäßes

Eine feuerfeste Ofenform ausfetten, die Kartoffeln waschen und die Frühlingszwiebeln kleinschneiden. Die Kartoffeln in die Form geben, Salz und Zwiebeln darüberstreuen, Butterflöckchen daraufsetzen.

Bei tüchtiger Hitze im Ofen braten, bis die Zinken der Gabel in die Kartoffeln eindringen.

GRÜNER SPARGEL IN WEIN

4 Stangen grüner Spargel
2–3 kleine Zwiebeln
4 süße, kleine Frühkarotten
mit Grün
Salz
50 ml Weißwein

Butter oder Margarine
zum Ausfetten des Kochgeschirrs

Den Spargel, die Zwiebeln und die Karotten zerkleinern, dabei auch die grünen Teile der Karotten verwenden. Das Gemüse in eine gefettete feuerfeste Form füllen, Salz darüberstreuen und mit dem Wein begießen.

Mit geschlossenem Deckel bei gleichmäßiger Hitze auf den Steinen oder im Ofen garen.

GRAVED LACHS IN BIRKENBLÄTTERMARINADE

400 g frischer Lachs
ohne Haut und Gräten
100 ml Wasser
100 ml Zucker
100 ml Salz
100 ml Weißweinessig
2 Handvoll frische Birkenblätter

Den Fisch in etwa zwei Zentimeter dicke Scheiben schneiden. Das Wasser mit dem Zucker, dem Salz, dem Weißweinessig und einer Handvoll Birkenblätter in einer gusseisernen Pfanne auf dem Saunaofen aufkochen. Die Birkenblätter entfernen und den Sud abkühlen lassen.

Den Fisch, die Birkenblätter und den Sud in ein Glas schichten, verschließen und über Nacht an einem kühlen Ort ziehen lassen.

STURZKUCHEN

2–3 Stangen Rhabarber
200 ml Erdbeeren
100 ml Farinzucker
50 g Butter

TEIG
75 g Butter
300 ml Weizenmehl
½ TL Salz
75 ml Wasser
Butter oder Margarine zum Fetten der Form (oder Backpapier)

Den Rhabarber schälen und in Stücke schneiden, die Erdbeeren vierteln. Die Stücke in eine gefettete feuerfeste Form schichten. Als Form kann auch eine gefettete oder mit Backpapier ausgelegte gusseiserne Pfanne verwendet werden. Mit Farinzucker bestreuen und Butterflöckchen daraufsetzen.

Die Butter mit dem Mehl zu einem bröckeligen Teig verkneten, Salz hinzugeben. Zum Schluss das Wasser darübergießen und alles zu einer geschmeidigen Masse vermischen. Der Teig darf etwas weicher sein als ein normaler Mürbeteig. Den Teig als Deckel über den Rhabarber-Erdbeer-Boden legen.

Im Saunaofen backen, bis die Teighülle gar ist. Abkühlen lassen und auf eine Servierplatte stürzen.

LABKÄSE MIT ERDBEEREN AUF SAUNAWICHTELART

400 ml Erdbeeren
50 ml Cointreau
1 halber großer (ca. 300 g) Leipäjuusto (Käse aus dem Kolostrum der Kuh, der in Nordfinnland hergestellt wird)
250 ml Schlagsahne
100 ml Farinzucker

Die Erdbeeren in Scheiben schneiden, in ein Gefäß geben und den Likör darübergießen. Eine Stunde marinieren.

Den Labkäse in Würfel schneiden und auf Portionsförmchen verteilen. Sahne und Farinzucker hinzugeben. Die Förmchen auf dem Ofen zu Beginn des Einheizens der Sauna oder gegen Ende des Saunagangs wärmen, wenn die Steine noch nicht oder nicht mehr ganz heiß sind. Die Sahne nicht kochen lassen.

Vor dem Servieren die Erdbeeren hinzufügen.

AM RAND DES OFENS IST DIE WÄRME OFT AM GERINGSTEN. DAS KOCHEN LÄSST SICH AUCH BEGRENZEN, INDEM MAN DAS GEFÄSS ETWAS SCHRÄG HÄLT ODER SO AUF DIE STEINE STELLT, DASS DER BODEN MÖGLICHST WENIG STEINFLÄCHE BERÜHRT.

DIE BAHNWÄRTER-SAUNA IN OULU

10

WENN HEAVY-METAL-MÄNNER AUFGÜSSE MACHEN

Das Motorrad knattert noch kurz vor sich hin, bevor es neben das pechschwarze Jopo-Retro-Fahrrad geschoben wird. Neben den Zweirädern verlaufen Schienen, die einst zu Fabriken führten. Musiker mit schwarzen Kapuzen schlagen sich ins Gebüsch, um sich Birkenzweige für Saunaquasten zu holen.

Die Heavy-Metal-Jungs verbringen den Abend zusammen in einem Saunagebäude, dessen Aufenthaltsräume aus den Balken einer alten Rauchdarre gemacht worden sind, die einst in der mittelfinnischen Provinz stand. In diesen Räumlichkeiten hat schon Joe Cocker, als er wegen eines Gigs in der Gegend war, am Whisky genippt und Billard gespielt.

Die eigentliche Sauna hat man aus den Balken einer alten Bahnwärtersauna zusammengesetzt, die inzwischen stillgelegt worden ist.

Auch in Sachen Saunaofen spielen hier zwei Kulturen eine Rolle, denn es gibt ihn in doppelter Ausführung. Der eine läuft mit Strom, der andere mit Holz. Welcher jeweils benutzt wird, hängt davon ab, ob man die Sauna sofort warm haben will oder erst später.

Auf den Pritschen vergleichen die Männer spaßeshalber den Umfang ihres Bizeps, bis derjenige, der am nächsten zum Eimer mit dem Wasser sitzt, einen übertrieben kräftigen Aufguss macht. Alle verziehen das Gesicht, und eine Zeitlang kann sich keiner aufplustern oder auch nur etwas sagen.

Auf den heißen Steinen wird ein Topf mit in Speck eingewickelten Würsten und Maiskolben gebraten. Hechtröllchen mit Zitrone und Fleisch- und Garnelenspieße werden in der Nachwärme der Sauna rasch gar, die noch immer ziemlich heavy ist. Und damit nicht alles schwarz aussieht, bröckeln wir weiße Schokolade in den Rhabarber-Käsekuchen.

HECHTRÖLLCHEN MIT ZITRONE

1½ kg Hechtfilet
1 Zitrone
200 g Frischkäse
10 Körner rosa Pfeffer
2 TL Salz
1 Bund Thymian

Butter oder Margarine
zum Ausfetten der Form

Die Hechtfilets von Gräten befreien. Die Schale der Zitrone abreiben, die Zitrone auspressen. Frischkäse, 1 EL Zitronensaft, Zitronenschale, Salz und rosa Pfeffer mischen. Den restlichen Zitronensaft aufbewahren.

Die Filets mit der Frischkäsemischung bestreichen und rollen. Jede Rolle in ca. 2 cm dicke Scheiben schneiden und in eine gefettete feuerfeste Form schichten.

Im Ofen braten, bis der Fisch gar ist (20–40 Minuten, je nach Hitze des Ofens und Größe der Filets). Vor dem Servieren mit Thymian bestreuen und mit dem restlichen Zitronensaft beträufeln.

MAIS-MAKKARA-TOPF

6 Frankfurter Rindswürste (wenn keine original finnische *Grilli-Makkara* zur Hand)
150 g Bacon
6 vorgekochte Maiskolben
6 Frühlingszwiebeln
Zahnstocher
Butter oder Margarine

Die Würste mehrfach einschneiden und mit Bacon umwickeln. Den Bacon mit Zahnstochern oder selbst geschnitzten Spießchen befestigen. Eine große feuerfeste Form ausfetten und die Zutaten so hineingeben, dass die ganzen Zwiebeln oben liegen.

Zugedeckt auf dem Ofen oder in der Brennkammer für 30–40 Minuten braten.

RIESENGARNELENSCHWÄNZE UND COLA-RINDFLEISCH AM BIRKENSPIESS

ALS SPIESSE KÖNNEN SIE ENTWEDER FERTIGE HOLZ- ODER METALLSPIESSE ODER ZWEIGE VON EINER BIRKE ODER EINER DOUGLASIE VERWENDEN. DIE HOLZSPIESSE VOR DEM GEBRAUCH IN WASSER EINWEICHEN. DIE ZUTATEN KÖNNEN VOR DEM AUFSPIESSEN ALS WÜRFEL MARINIERT WERDEN – ODER ALS FERTIGE SPIESSE IN EINEM FLACHEN BEHÄLTNIS.

Die Riesengarnelenschwänze vom Darm befreien und mit Küchenpapier trocken tupfen. Das Gemüse in mundgerechte Würfel oder Scheiben schneiden.

Für die Marinade der Garnelenspieße die Orange auspressen und die Gewürze mit dem Saft vermischen. Die Spieße für eine Stunde marinieren.

Das Rindfleisch würfeln und mit den trockenen Gewürzen einreiben. Das Gemüse in mundgerechte Würfel oder Scheiben schneiden. Die Fleisch- und Gemüsewürfel oder die fertigen Spieße in ein Gefäß geben und Cola darübergießen. Ein bis zwei Stunden ziehen lassen.

Die Spieße über der Glut des Saunaofens grillen. Wenn Ihnen lange Spieße zur Verfügung stehen, können Sie sie wie Würstchen übers Feuer halten. Das Garen funktioniert auch in einer Auflaufform, auf einem Blech oder einer Grillplatte im Ofen oder auf den heißen Steinen. Dann müssen die Spieße gelegentlich gewendet werden.

RIESENGARNELENSPIESSE

12 Riesengarnelenschwänze
Gemüse der Saison
1 Orange
1 TL Curry
1 EL Salz
1 EL Honig

RINDFLEISCHSPIESSE

400 g Rumpsteak
1 EL Ingwerpulver
1 EL zerstoßener grüner Pfeffer
1 TL Senfkörner
1 EL Salz
100 ml Cola
Gemüse der Saison

WEISSE-SCHOKOLADE-RHABARBER-KÄSEKUCHEN

BODEN
400 ml Weizenmehl
175 g Butter oder Margarine
1 Ei
50 ml kaltes Wasser

Butter oder Margarine zum Fetten der Form (oder Backpapier)

BELAG
150 g weiße Schokolade
200 g Frischkäse
2 Eier
50 ml Zucker
1 TL Vanillezucker
3–5 Stangen Rhabarber
3 EL Muscovado-Zucker

Weizenmehl und Butter verkneten, das Ei hinzufügen und zum Schluss das kalte Wasser hinzugeben. Der Teig darf solide sein. Den Teig eine Weile im Kühlen ruhen lassen.

Die Schokolade mit dem Messer in Stücke schneiden. Eine schnelle und saubere Methode, die Schokolade zu zerkleinern, besteht darin, die ungeöffnete Schokoladentafel mehrmals auf den Fußboden fallen zu lassen, wodurch sie in Stücke zerspringt, die für dieses Rezept die passende Größe haben. Die Schokoladenstückchen mit dem Frischkäse, den Eiern und dem Zucker verrühren.

Den Teig in eine gefettete oder mit Backpapier ausgekleidete feuerfeste Form oder gusseiserne Pfanne drücken. Die Käse-Schokoladen-Mischung daraufgeben und den Rhabarber entweder in Stangen oder in Stücken darüberlegen. Mit Muscovado-Zucker bestreuen und im Saunaofen backen, bis der Belag stockt (30–40 Minuten).

11

MITTSOMMER-SAUNA AN DER BOTTENWIEK

1

GLÜHENDER MITTSOMMER AM MEER

Eine zehnköpfige Schar von Cousins und Cousinen ist nach Hylkykari an der Bottenwiek gekommen, um gemeinsam Mittsommer zu feiern – mit Sauna, gutem Essen, Zelten, Mölkky-Spielen und Johannisfeuer.

Die neuen Kartoffeln kochen auf hellen, flachen Steinen, die am Ufer gesammelt worden sind. Darunter liegen die kantigeren Saunasteine aus dem familieneigenen Steinbruch.

Der alte Saunaofen war verrostet, weil die Aufgüsse früher mit Meerwasser gemacht wurden. Der neue Ofen ist selbst zusammengeschweißt worden. Sein brodelnder Warmwassertank war schon der Lebensgefährte des alten Ofens.

Das flache, in den 1970er Jahren errichtete Gebäude am Meer, das aus einem Aufenthaltsraum, einer Küche und der Sauna besteht, diente der Familie als Wohnhaus, bis das neue Holzhaus fertig war. Bis in die 1960er Jahre hinein gab es auf dem Anwesen lediglich eine Fischerhütte, und die Aufgüsse wurden in einem alten Bus genossen, der nicht mehr straßentauglich war. Dort war eine mit Fingerpaneelen ausgekleidete, mit Holz beheizte Sauna eingebaut worden.

Eine Meerforelle, die weiter draußen bei der Insel Hailuoto gefangen wurde, wird von den Flammen des Johannisfeuers gegart. Auf die Mittsommertafel kommen außerdem gefüllte Schweinesteaks und Saunaofenkäse.

NEUE KARTOFFELN

- Neue Kartoffeln
- Wasser
- Salz
- Einige Zweige Dill

Sind die Steine heiß genug, kann man darauf auch Kartoffeln kochen. Die abgebürsteten neuen Kartoffeln auf die übliche Art in so viel Wasser kochen, dass sie gerade bedeckt sind. Salz und Dill hinzufügen.

SCHWEINEFLEISCH-TOURNEDOS AUF GEMÜSEBETT

- 150 g Schweinelende pro Person
- Salz
- Schwarzer Pfeffer
- Serranoschinken (luftgetrockneter Schinken) in Scheiben

FÜLLUNG

- 100 ml Shiitake-Pilze
- 100 ml Knoblauch-Kräuter-Schmelzkäse
- 1 Würfel Fleischbrühe
- Schwarzer Pfeffer

GEMÜSEBETT

- 1 Broccoli
- 1 Fenchel
- 1 Zucchino
- 200 g Ricotta

Die Filets von überflüssiger Haut befreien und in dicke, würfelartige Steaks schneiden. Mit Salz und Pfeffer einreiben. Um jedes Steak eine Scheibe Serranoschinken wickeln.

Mit dem Messer ein Loch in die Mitte jedes Steaks stechen.

Für die Füllung die Pilze würfeln und mit den anderen Zutaten vermischen.

Einen feuerfesten Bräter oder mehrere kleine Portionsbräter ausfetten. Das Gemüse in kleine Würfel schneiden und im Bräter verteilen. Eine Schicht Ricotta daraufstreichen.

Die Steaks aufs Gemüsebett setzen und die Löcher mit der Pilzmasse füllen. Den Rest der Füllung auf den Steaks verteilen.

Zugedeckt bei gleichmäßiger Glut ca. 20–30 Minuten im Saunaofen braten.

GLÜHFORELLE VOM JOHANNISFEUER

FÜR VIELE GEHÖRT ZUR MITTSOMMER-TRADITION NEBEN DER SAUNA DAS JOHANNISFEUER. AUCH DESSEN WÄRME KANN MAN BEIM KOCHEN NUTZEN.

1 ganze Meerforelle (Lachsforelle)
Fingersalz
100 g Butter
100 ml Weinbrand

1 Brett
8–10 Holzzapfen oder Nägel, je nach Größe des Fischs

Den Fisch am Bauch aufschneiden, so dass er sich aufklappen lässt wie ein Buch. Den Fisch mit den Zapfen oder Nägeln am Brett befestigen. Wenn Sie Holzzapfen verwenden, müssen Sie zuvor mit der Messerspitze kleine Löcher in das Fleisch des Fisches bohren. Den Fisch salzen und zwei Stunden ziehen lassen.

Das Brett mit dem Fisch zunächst für einige Minuten der starken Hitze des Feuers aussetzen, damit das Salz einen Film auf der Oberfläche bildet. Dann das Brett in etwas größerem Abstand aufstellen. Wenn Sie die Hand auf den Fisch legen, ohne dass die Hitze auf der Haut brennt, ist der Abstand richtig.

Die Butter neben dem Feuer in einem feuerfesten Gefäß schmelzen und den Weinbrand einrühren. Den Fisch während des Glühgarens mit der Butter-Weinbrand-Mischung bepinseln.

SAUNAOFENKÄSE

1 l Kolostrum (Frühmilch von Kühen)
1 TL Salz

Eine Form mit kaltem Wasser ausspülen. Kolostrum mit Salz verrühren und in die Form gießen. Bei gleichmäßiger Hitze im Saunaofen garen, bis die Oberfläche Farbe bekommt und die Milch stockt.

Mit Zimt und Zucker oder Konfitüre servieren.

12

DIE MALZTENNEN-SAUNA IN TOPPILA

SALMIAK IN DER RAUCHSAUNA

In die hohe historische Malztennensauna, die aus der südwestfinnischen Region Häme-Satakunta stammt, führt eine niedrige Tür. Man nennt sie die »Ahtisaari-Tür«. Es heißt, der ehemalige finnische Präsident Matti Ahtisaari sei gekommen, um sich die Sauna anzusehen, und dabei habe sich die alte Tür als zu vertrackt für das voluminöse Staatsoberhaupt erwiesen. Man hat Ahtisaari daher nie auf den Pritschen dieser Sauna gesehen. Und auch jetzt ist er nicht da.

Stattdessen hat sich vor der Sauna eine Gruppe von fünf ausgelassenen Freunden versammelt, und dies nicht zum ersten Mal.

Aus den Lüftungsklappen in der bernsteinfarben geteerten Balkenwand entweicht Rauch, und die mit einem Backsteinboden versehene gewölbeartige Feuerstätte des mehr als mannshohen Ofens ist bereit für die Saunagänger wie für die Zubereitung des Essens. Der Ofen ist mehr als zwei Meter hoch, hat ein Volumen von acht Kubikmetern und breitet seine Wärme über den Pritschen auf dem hohen, offenen Dachboden aus. Früher hat man unter dem Dachboden allerlei Handarbeiten gemacht, heute wäscht man sich in diesem kühleren Teil der Sauna.

Zu dem Duft der schwarzen, verrußten, aus dem 19. Jahrhundert stammenden Wände gesellt sich bald der Geruch von Salmiak, und rauchige Aufgüsse hüllen die Männer ein, die sich unter den Dachbalken ducken. Wenn sie nicht die Birkenbüschel schwingen, dürfen sich die Saunagänger beim Abkühlen als Hilfsköche nützlich machen.

Nachdem der Männertrupp gesaunt und gegessen hat, will er zum Mittwochabendvergnügen in die Stadt aufbrechen. Dafür werden vor dem Spiegel die Haare nach hinten gekämmt und rußige Küsschenspuren von der Wange gewischt.

TEERZANDER

200 ml Teerlikör (*Tervaliköőri*)
Salz
Zanderfilet ohne Gräten
Frischer Thymian
Butter zum Braten

Auf den Ofensteinen den Teerlikörsirup zubereiten. Dafür den Likör so lange einkochen, bis er dickflüssig wie Sirup wird. Zum Schluss 1 TL Salz einrühren, um die Süße zu brechen.

Das Zanderfilet salzen. Auf den heißen Steinen Butter in einer gusseisernen Pfanne oder auf der Grillplatte zerlaufen lassen. Das Filet rasch von beiden Seiten braten. Kurz vor dem Ende einige Thymianzweige darauflegen und mit dem Teersirup bestreichen. Zwei Minuten zugedeckt ziehen lassen.

Den Fisch mit im Ofen gegartem Gemüse der Saison und Salmiak-Erdbeer-Chutney servieren.

SALMIAK-ERDBEER-CHUTNEY

½ l frische Erdbeeren
100 ml Muscovado-Zucker
2 EL Wasser
4 Nelken
2 Sternanis
100 ml frischer Sauerklee
75 ml dunkler Balsamico
2 EL echte Salmiakbonbons
(z. B. »Apteekin Salmiakki«)

Die Erdbeeren vierteln und in der Nachwärme der Sauna über Nacht trocknen.

In einem Topf Wasser, Zucker, Nelken, Sternanis und Sauerklee aufkochen. Die Erdbeeren und den Salmiak hinzugeben und ca. 10 Minuten weiterkochen. Zum Schluss den Balsamico zugießen. Ohne zu kochen 30 Minuten unter geschlossenem Deckel ziehen lassen.

KELLENSPECKKARTOFFELN

6 größere Kartoffeln
150 g Bacon
6 kleine rote Zwiebeln
Butter
Salz

Butter oder Margarine
zum Ausfetten
des Bratgefäßes

Die Kartoffeln waschen und einzeln in eine Schöpfkelle setzen. Mit dem Messer dünne Schnitte bis zum Rand der Kelle ziehen; so entstehen im oberen Teil jeder Kartoffel Scheiben, während der untere Teil ganz bleibt.

Um jede Kartoffel einen Bacon-Gürtel legen, und die Kartoffeln dann in eine feuerfeste Form setzen. Die ganzen Zwiebeln dazugeben, Butterflöckchen daraufsetzen und mit Salz bestreuen.

Im Ofen bei gleichmäßiger Hitze 45–60 Minuten garen.

IN SALMIAK UND LONKERO MARINIERTE SPARERIBS

2 kg Schweinerippe

MARINADE

2 frische Chilis

1 Knoblauchzwiebel, frisch oder geröstet (siehe S. 80)

1 Bund Koriander

Reichlich zerstoßener schwarzer Pfeffer

300 ml Lonkero (ein in der Dose oder Flasche erhältliches Mischgetränk aus Gin und Grapefruitlimonade)

200 ml Sojasoße

200 ml Salmiak-Sirup (»Apteekin Salmiakki-Mixeri«)

100 ml Pfirsich-Apfel-Weinessig

ZUSÄTZLICH

100 ml Muscovado-Zucker

Fingersalz

Chili, frischen Knoblauch und Koriander hacken. Wenn man eine mildere Marinade will, die Samen und hellen Teile der Chilis entfernen. Alles mit zerstoßenem schwarzem Pfeffer und den Flüssigkeiten vermischen und die Ribs damit einpinseln. Mehrere Stunden marinieren, besser noch über Nacht.

Die Ribs in einer feuerfesten Form in der Feuerstätte braten, je nach Temperatur für ca. 45–60 Minuten. Gegen Ende der Bratzeit Zucker und Salz darüberstreuen.

SIE KÖNNEN MIT DEM BRATEN DER RIBS BEIM EINHEIZEN UND BEIM SAUNEN BEGINNEN UND SIE ZUM SCHLUSS DANN IN DER FEUERSTÄTTE GAR ZIEHEN LASSEN.

CHORIZO-OMELETTE

6 Eier
200 ml Wasser oder Milch
1 TL Salz
20–30 cm Chorizo
Frühlingszwiebeln

Butter oder Margarine zum Fetten der Bratform (oder Backpapier)

Die Eier mit der Flüssigkeit und dem Salz verschlagen und die Mischung in eine große, etwa zwei Liter fassende mit Backpapier ausgelegte Saunakelle oder in eine gefettete gusseiserne Pfanne gießen. Chorizo und Frühlingszwiebeln in Scheiben schneiden und auf dem Omelette verteilen. Zugedeckt auf den Steinen oder im Ofen garen.

KNUSPRIG GRATINIERTE MARINIERTE BIRNEN

6 Birnen
300 ml Zucker
3 EL Leinsamen
500 ml Brandy oder Cognak

200 g Butter oder Margarine
350 ml Vierkorn-Frühstücks-
breiflocken (oder Haferflocken)
100 ml Zucker

(Schokolade)
(Salz)

Die Birnen in der Mitte teilen und in ein Gefäß mit Deckel legen, Zucker, Leinsamen und zum Schluss den Alkohol darüber geben. Im Kühlen über Nacht marinieren.

Die Birnenhälften in Portionsförmchen oder nebeneinander in eine große Form setzen. Auf den Steinen in einem Topf aus Breiflocken und Zucker die Streuselmischung herstellen und über die Birnen streuen. Im Ofen oder auf den Steinen bei gleichbleibender Temperatur für 30–45 Minuten backen.

Die gratinierten Birnen entweder mit in der Sauna geschmolzener Schokolade servieren, oder die Marinade in einem Topf auf den Steinen einkochen, bis sie eine sirupartige Konsistenz hat, und als Soße zu den Birnen reichen. Damit es nicht zu süß wird, zum Schluss noch eine Prise Salz dazugeben.

DIE FJELL-SAUNA VON YLÄ-MIESSI IN LAPPLAND

13

EINE GOLDSAUNA ZWISCHEN ERDE UND HIMMEL

Unter den Goldgräbern im Nationalpark Lemmenjoki in Lappland ist ein Gericht bekannt, das übersetzt »Ekel« heißt. Seine Zutaten sind schleimig gekochte Nudeln, Fleischwurst oder Büchsenfleisch und ein paar Gewürze, falls zufällig welche vorhanden sind. Nimmt man das lange genug zu sich, wird es früher oder später ekelhaft. Wahrscheinlich bekommt man jedes Essen satt, wenn man es den ganzen Sommer über am Fjell isst.

Nach stundenlanger Autofahrt und einer Bootsfahrt bei lauem Lüftchen auf dem Fluss Lemmenjoki erreichen wir Kultahamina (zu deutsch: Goldhafen). Der Goldgräber Telilä holt die Netze aus dem Fluss und nimmt Maränen und Äschen aus. Die Fische und das Kochzubehör werden auf Quads geladen, dann geht es einen steilen Hang voller Wurzelgeflechte hinauf, der unter dem Namen »Atemnot« bekannt ist. Die Bäume werden immer kleiner, bis wir schließlich die Baumgrenze hinter uns lassen.

Goldgräber sind nicht nur scharf auf glänzendes Metall, sondern gehen offenbar auch leidenschaftlich gern in die Sauna: Während der Fahrt mit dem Quad sieht man in der Goldregion immer wieder kleine graue Holzhütten und quaderförmige Zeltsaunas, in denen Aufgüsse zischen.

Auf dem Jäkäläpää-Fjell steht ein Haus, aus dessen Schornstein Rauch quillt. Hier verbringt ein Goldgräberpaar die Hälfte des Jahres. Es ist die am höchsten gelegene Sauna, die man in Finnland kennt, und hier wird an diesem Abend kein »Ekel« gekocht. Stattdessen gibt es auf 482 Metern Höhe Rentierfleisch im Teigmantel, Fischkartoffeln, Rübenchips, panierten Käse und Moltebeeren.

Das Essen brodelt nach dem Saunen bis in die Nacht auf dem Ofen, und wenn man in den frühen Morgenstunden von den Fjellbirken her den Goldregenpfeifer schwätzen hört, sind Teliläs Fischkartoffeln gar.

RENTIERLENDCHEN IM SALZMANTEL

400 ml Weizenmehl
400 ml grobes Meersalz
200 ml kaltes Wasser
400 g Rentierlende

Pappe

Mehl, Salz und Wasser zu einem Teig vermengen. Das Fleisch in Würfel von etwa zwei Zentimetern schneiden und jedes Fleischstück in einer etwa einen Zentimeter dicken Teighülle verpacken. Ein Stück Pappe so zurechtschneiden, dass es durch die Ofenöffnung passt.

Die Fleisch-Teig-Bällchen auf die Pappe setzen und in den Saunaofen schieben, wenn noch etwas Glut übrig ist. Die Pappe, die in der Glut verbrennt, sorgt dafür, dass die Bällchen einen festen Boden bekommen. 20–25 Minuten backen.

IM SALZMANTEL KANN MAN Z. B. AUCH GANZE FISCHFILETS ZUBEREITEN. DER FISCH IST FERTIG, WENN DIE SALZTEIGHÜLLE HART GEWORDEN IST.

FISCHKARTOFFELN À LA TELILÄ

Maränen (Renken), Äschen oder andere Fische (kleine Exemplare)
Salz
Neue Kartoffeln
Butter

Die Fische ausnehmen und leicht salzen. Die Kartoffeln in Salzwasser auf dem Ofen kochen. Den größten Teil des Wassers abgießen, die gesalzenen kleinen Fische auf die Kartoffeln legen und Butterflöckchen daraufsetzen. Den Topf auf die Ofensteine oder in die Brennkammer stellen und bei milder Hitze zugedeckt ziehen lassen, bis der Dampf die Fische durchgegart hat.

KULTALAN PÄREKATTO

RÜBENCHIPS VOM JÄKÄLÄPÄÄ-FJELL

2 große Karotten
1 Steckrübe
1 Weiße Rübe
1 Süßkartoffel
1 Pastinake
1 l Rapsöl
Salz

Das Wurzelgemüse mit dem Gemüsehobel (oder mit dem Käsehobel) in sehr dünne Scheiben schneiden.

Das Öl in einem großen gusseisernen Topf auf dem Ofen erhitzen. Die Temperatur des Öls kann man mit einem Stück Brot überprüfen: Das Öl hat die nötige Hitze (ca. 160 Grad) zum Frittieren der Gemüsechips, wenn das Stück Brot, das man in den Topf fallen lässt, zunächst bis auf den Boden sinkt und dann langsam nach oben steigt. Bleibt das Brot an der Oberfläche und wird braun, ist die Temperatur zu hoch (ca. 180 Grad).

Die Gemüsechips portionsweise frittieren und auf einer Zeitung oder Küchenpapier abtropfen lassen. Salzen.

Halten Sie immer den Topfdeckel griffbereit und ersticken Sie damit den Brand, falls das Öl Feuer fangen sollte.

PANIERTER KÄSE MIT MOLTEBEERENSOSSE

Blauschimmelkäse
Räucherkäse
2 Eier
500 ml Weizenmehl
500 ml Semmelbrösel
Rapsöl

Käse in dicke Scheiben, Würfel oder Dreiecke schneiden. Eier in einer Schüssel aufschlagen. Die Käsestücke zuerst in Mehl, dann in Ei und schließlich in Semmelbröseln wenden.

Die Käsestücke in einer heißen Pfanne auf dem Ofen in Öl goldbraun braten. Mit passierten Moltebeeren und frittierter Petersilie servieren.

PASSIERTE MOLTEBEEREN UND FRITTIERTE PETERSILIE

200 ml Moltebeeren
50 ml Honig
Frische Petersilie
(Im Frühsommer kann man statt Petersilie auch junge Birkenblätter verwenden.)

Die Moltebeeren mit dem Löffel durch ein Sieb drücken. Das dabei entstehende Püree mit Honig verrühren.

Die Petersilie in heißem Öl in der Pfanne knusprig frittieren.

DIE UNTERIRDISCHE GRANITSAUNA IN KEMIÖ

14

MYSTISCHE AUFGÜSSE IN DER HÖHLENSAUNA

Auf dem Dach der Savusauna im südwestfinnischen Kemiö wachsen Margeriten und andere Wiesenpflanzen. Der Saunameister hat die Sauna 36 Stunden am Stück beheizt, und es quillt dichter Rauch heraus. Mit dem Rauch kommt ein Gähnen, denn während des Heizens hat der Saunameister nicht schlafen können.

Steigt man in die aus Granitbrocken gebaute mystisch-dunkle Höhlensauna auf Gut Storfinnhova Gård hinab, würde es einen nicht wundern, auf einen Saunageist zu stoßen oder gleich auf eine ganze Schar davon.

Die Balkenkonstruktion der unterirdischen Sauna, die zuvor hier untergebracht war, geriet vor zwei Jahren in Brand. Als die Feuerwehr mit kaltem Wasser löschte, bekam der heiße Granit Sprünge. Hatte da jemand den Saunageist verärgert? Denn diese pflegen ja Saunas anzuzünden, wenn ihnen die Badenden nicht genügend Respekt entgegenbringen. Oder war der Riese Finn am Werk, der zur Zeit der Kreuzzüge hier auf den Felsen von Finnhova seinen Hof hatte, wie die Legende erzählt?

Der Saunameister des Guts steigt mit dem Hausherrn und dessen Söhnen zu den Pritschen in der Unterwelt hinab. Der kristallklare Bach, der rieselnd aus dem Wald kommt, schlängelt sich durch die Sauna und bildet zwei natürliche Becken samt Wasserfall.

Die beiden mit Glastüren versehenen Öfen mit ihren riesigen Feuerstätten bieten zusammen mit dem vulkanartig abgeflachten Haufen schwarzer Steine hervorragende Voraussetzungen zum Kochen. In die Brennkammern passen anderthalb Kubikmeter Brennholz auf einmal. Die sind auch nötig, um die 3500 Kilo schweren Saunasteine zu beheizen. Den Resten der glühenden Holzscheite, die aus der Brennkammer in die Schubkarre geschaufelt werden, kann die Saunaköchin nicht widerstehen: Jetzt wird gegrillt!

Aber leise, damit der Saunageist nicht aufwacht …

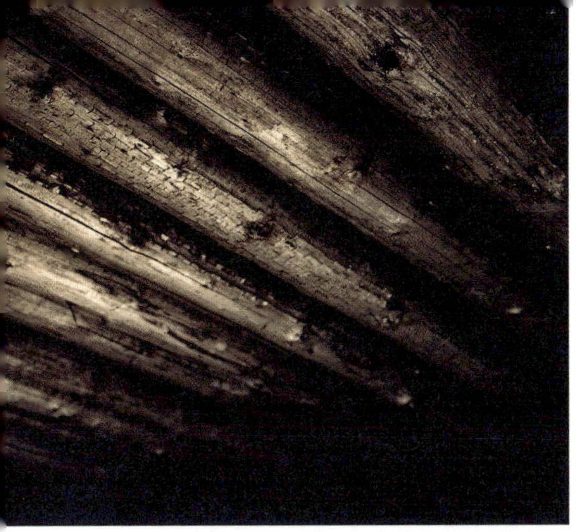

OLIKA BÄR OCH SVAMP

UNITED COLORS OF
BENETTON

OFENGLUT-ENTRECÔTE IN DER SCHUBKARRE

FÜR DIESES GERICHT UND SEINE BEILAGEN WIRD DIE GLUT GENUTZT, DIE AM ENDE DES HEIZENS DER RAUCHSAUNA IN EINE SCHUBKARRE GESCHAUFELT WURDE. MAN KANN ES AUCH BEI GUTER GLUT IM SAUNAOFEN ODER AUF EINEM NORMALEN GRILL ZUBEREITEN.

4 Entrecôte-Steaks
Meersalz

Die Steaks von beiden Seiten salzen und anderthalb Stunden ziehen lassen. Das Fleisch im Grillkorb oder auf dem Rost über der Glut auf die Ränder der Schubkarre legen. Unter Wenden grillen, bis der gewünschte Garzustand erreicht ist.

Die Steaks mit rauchiger Gemüsebeilage und Parma-Butter-Soße reichen.

RAUCHIGE GEMÜSEBEILAGE

2 Fenchel
4 Tomaten
2 Spitzpaprika
Meersalz

Das Gemüse zerteilen und salzen. Eine halbe Stunde ziehen lassen. Durch das Marinieren mit Salz wird das Gemüse knuspriger. Die Gemüsestücke auf einer Grillplatte oder in einer gusseisernen Pfanne auf der Glut in der Schubkarre grillen.

PARMA-BUTTER-SOSSE

50 g Parmaschinken
100 ml Pinienkerne
Zehen eines ganzen Knoblauchs
70 g Butter

Den Parmaschinken schneiden und in einer heißen gusseisernen Pfanne auf der Glut knusprig braten, die restlichen Zutaten hinzugeben und so lange weiterbraten, bis die Knoblauchzehen etwas weich werden.

LACHS-GEMÜSE-AUFLAUF MIT KÄSE

200 g Lachs ohne Gräten
Broccoli
Babykarotten
½ TL Salz
½ TL schwarzer Pfeffer
½ TL geriebene Muskatnuss
200 ml Kochsahne
125 g Blauschimmelkäse

Butter oder Margarine zum Fetten der Auflaufform (oder Backpapier)

Eine feuerfeste Auflaufform oder eine gusseiserne Pfanne ausfetten oder mit Backpapier auslegen. Den Lachs und den Broccoli (einschließlich der geschälten Stiele) in mundgerechte Stücke schneiden. Auch die größeren Babykarotten kleiner schneiden. Die Zutaten in die Form geben, würzen, Sahne hinzugießen und Käseflocken daraufsetzen.

Zugedeckt (mit Deckel oder Alufolie) etwa 30 Minuten im Saunaofen garen.

BIERKNÄCKE AUS DER GRANITHÖHLE

1 EL geschmolzene Butter
1 TL Honig
1 TL Salz
200 ml Weizenbier
200 ml Roggenmehl
200 ml Graham- oder Weizenmehl
(Fenchelsamen, Mohn oder Sesamkörner)
(Kräuter)

Honig und Salz mit der geschmolzenen Butter verrühren. Wenn Sie möchten, können Sie verschiedene Körner oder frische Kräuter hinzufügen. Das Bier dazugießen und mit dem Mehl einen Teig herstellen.

Den Teig auf einer bemehlten Fläche ausrollen. Aus dünnem Teig wird knuspriges Knäckebrot, aus dickem Teig weiches. Man kann mit dem Nudelholz hübsche Garnierungen in den Teig walzen, z. B. Blätter von Brennnesseln, Liebstöckel oder anderen Kräutern.

Mit dem Messer Teigvierecke schneiden und mit der Gabel einstechen.

Das Knäckebrot auf einem Blech oder Brotbackstein 6–10 Minuten in der heißen Brennkammer backen. Hat die Brennkammer einen ebenen Backsteinboden, kann das Brot auch darauf gebacken werden, nachdem man zuvor die Asche herausgekehrt hat. Das Knäckebrot in der Nachwärme der Sauna langsam trocknen lassen.

SAUNAWICHTELS ROGGEN-BEEREN-BREI

1 l Wasser
250 ml Roggenmehl
1 TL Salz
200 ml rote Johannisbeeren

Zucker
Sahne

Den Brei kann man in einem großen feuerfesten Topf im Ofen oder auf kleinere Töpfe verteilt auf den Steinen zubereiten.

Wasser in den Topf geben, Roggenmehl und Salz mit dem Schneebesen unterrühren. Die Johannisbeeren hinzufügen und den Brei in der Hitze dick werden lassen. Ist der Brei fertig, die Johannisbeeren mit dem Schneebesen zerschlagen. Den Brei mit Zucker und Sahne servieren.

EINE SAUNA AM MEER IN KUSTAVI

15

FIRETRAP

SCHARFE SCHEREN AM HUHTIRANTA-UFER

Auf dem felsigen Grundstück des Sommerhäuschens schlängelt sich ein von Blaubeersträuchern gesäumter Pfad bis ans Ufer hinunter. Es ist August, und auf der Saunaveranda am Huhtiranta-Ufer der Gemeinde Kustavi hört man es rascheln und knacken. Die Geräusche kündigen ein spätsommerliches Krebsfest an. Diesmal wird in der alljährlichen Tradition ein neuer Kurs eingeschlagen, denn das von den Kerlchen mit den scharfen Scheren gekrönte Festmahl wird komplett in der Sauna zubereitet.

Die 1965 erbaute Sauna am Meeresufer wird sommers wie winters benutzt, oft macht man gleich am Morgen Feuer im Ofen. Bis zur Fertigstellung des eigentlichen Sommerhauses weiter oben auf den Felsen wurde sogar zwei Jahre lang in der Sauna übernachtet.

Der jetzige Saunaofen ist bereits der dritte. Der erste, den der ursprüngliche Besitzer selbst gemauert hatte, wurde von einem Ofen der Marke Kota verdrängt, und jetzt zischt in der Ecke ein handgefertigter Edelstahlofen, der als hervorragender Aufgussspender gelobt wird.

Bei der Familie ist es Brauch, vor dem Saunagang ins Meer zu springen, falls der Wellengang nicht zu hoch hist. Zur Zeit der Herbststürme dringen die Wellen bis zur Saunatreppe vor, und die spritzende Gischt hinterlässt Salzspuren auf den Fenstern.

Auf dem Ofen und in der Brennkammer unter dem zusätzlich vorhandenen Feuerkessel in der Mauernische werden heute im Kielwasser der Krebse süße Schärenbrote, Mangold- und Rote-Bete-Blätter-Rouladen sowie ein Beerenkuchen gemacht. Den Saunawichteln, die auf unserer Reise schon so manchen Ofen gesehen haben, setzen wir Baskenmützen aus Teig auf.

AUF DEM SAUNAOFEN GEDÄMPFTE KREBSE

20 lebende Krebse
4 kleine Zwiebeln
Weißwein
3 Knoblauchzehen
2–3 Stiele Kronen-Dill
Meersalz

Für die Krebse einen großen Topf mit flachem Boden und Deckel bereitstellen. Die Zwiebeln grob schneiden. Einen halben Zentimeter Weißwein in den Topf geben, die Zwiebelstücke, den Knoblauch und einige Dillzweige hinzufügen. Den Sud bis zum Siedepunkt erhitzen und so viele Krebse auf einmal in den Topf geben, wie auf den Boden passen. Deckel schließen und 8–10 Minuten dämpfen lassen.

Falls die Krebse in mehreren Portionen gedämpft werden müssen, bei Bedarf Wein zugießen und Holz nachlegen, damit der Sud die ganze Zeit köchelt.

KREBS-ÜBERRASCHUNG UNTER DER TEIGBASKENMÜTZE

4–5 kleine, süße Zwiebeln
5 Knoblauchzehen
50 g Butter
250 g Krebsfleisch oder Krabben
Salz
Schwarzer Pfeffer
100 ml Weißwein
400 ml Fischfonds

500 g Blätterteig

Zwiebeln kleinschneiden und Knoblauch hacken. In feuerfeste Portionsförmchen je einen Stich Butter setzen und die Zutaten einfüllen, Salz und Pfeffer darüberstreuen und zum Schluss Wein und Fischfonds darübergießen. Nicht bis zum Rand füllen. Die Behältnisse fest mit Blätterteigdeckeln verschließen. Im Saunaofen bei milder, gleichmäßiger Hitze garen, bis der Teigdeckel Farbe bekommt.

BROT À LA HUHTIRANTA

300 ml Buttermilch
100 g Butter
100 ml Sirup
100 ml Farinzucker
100 ml Malzextrakt
1 Päckchen Trockenhefe
300 ml Roggenmehl
300 ml Weizenmehl
Salz

Butter oder Margarine zum Fetten der Backform.

Die Buttermilch in einem Topf auf dem Saunaofen oder im Becher im Wasserbad gut handwarm werden lassen. Die Butter zerlaufen lassen. Sirup, Farinzucker, Malzextrakt und zerlaufene Butter zu der warmen Buttermilch geben, Mehl und Hefe einrühren. Der Teig darf fast flüssig sein. Mit einem Tuch zudecken und auf der warmen unteren Pritsche eine halbe Stunde gehen lassen. In einer feuerfesten Form oder im Topf bei mäßiger Hitze im Ofen backen.

MANGOLDRÖLLCHEN

20 Oliven ohne Stein
2 Knoblauchzehen
250 g Hackfleisch vom Lamm
200 ml Naturjoghurt
1 Bund Petersilie
2 EL Sojasoße
1 TL Paprikapulver
1 TL schwarzer Pfeffer
1 TL Salz
8 große Mangoldblätter

Öl
Sojasoße

Oliven und Knoblauch hacken. Hackfleisch, Joghurt, Oliven, Knoblauch und Gewürze in einer Schüssel vermengen und eine Stunde im Kühlen durchziehen lassen.

Die Mangoldblätter putzen und die Stiele abschneiden. Die Hackfleischmasse zu einer zwei Zentimeter dicken Wurst rollen, in acht Stücke teilen und in die Mangoldblätter wickeln. Die Röllchen in eine feuerfeste Form oder Pfanne setzen, Öl und Sojasoße darüberträufeln. Zugedeckt 20–30 Minuten auf den Steinen garen, dabei die Röllchen gelegentlich wenden.

ROTE-BETE-BLÄTTER-ROULADEN

2 Karotten
1 Spitzpaprika
1 Zucchino
1 Packung Tofu (natur oder gewürzt)
8 große Rote-Bete-Blätter
Frischer Koriander
Feigenkonfitüre
Meersalz

Öl
Sojasoße

Das Gemüse und den Tofu in dünne, zur Größe der Rote-Bete-Blätter passende Stifte schneiden und auf den Blättern verteilen. Einige Blättchen Koriander darauflegen, einen Teelöffel Feigenkonfitüre und eine Prise Salz dazugeben.

Einpacken und wie die Mangoldröllchen garen.

JOGHURT-DIP

1 Handvoll frischer Koriander
1 Knoblauchzehe
1 EL Zitronensaft
200 ml Naturjoghurt

Frischer Chili oder Spitzpaprika

Koriander und Knoblauch hacken und mit dem Zitronensaft unter den Joghurt mischen. Chili oder Paprika in kleine Würfel schneiden und vor dem Servieren über den Dip streuen.

KAROLINAS BEERENKUCHEN

BODEN
150 ml Milch
50 ml Zucker
½ TL Salz
350 ml Weizenmehl
½ Päckchen Trockenhefe

BELAG
200–300 ml Beeren der Saison
50 ml Zucker

Butter oder Margarine zum Fetten der Backform

Die Milch erwärmen, bis sie etwas mehr als handwarm ist, Salz und Zucker hineingeben. Hefe mit dem Mehl vermischen und mit der Milch zu einem Teig kneten. Den Teig in der warmen Sauna auf der unteren Pritsche eine halbe Stunde gehen lassen.

Eine feuerfeste Form oder eine gusseiserne Pfanne, die gut einen Liter fasst, fetten, und den Teig darin verteilen. Wenn Sie möchten, können Sie etwas vom Teig aufheben und damit Streifen auf den Kuchen legen.

Beeren auf dem Teig verteilen und mit Zucker bestreuen. Bei gleichmäßiger Hitze im Saunaofen ca. 20 Minuten backen.

Sergio
Tacchini

16 DIE UFERSAUNA IN KARIGASNIEMI

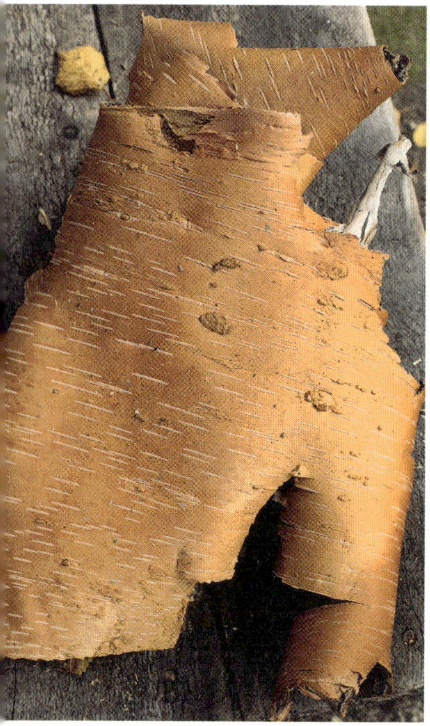

DIE HERBSTSAUNA VON KEKKONENS KOCH

Die traditionellen Speisen bei den Lappland-Touren des ehemaligen Präsidenten Urho Kalevi Kekkonen waren »DDS« und flambierte Plinsen. Das »DDS«, also das Dreckiger-Daumen-Steak, hat seine Wurzeln darin, dass das Fleisch in Ermangelung eines Klopfers mit dem Daumen platt gedrückt wurde. Und wer fragt in der Wildnis schon danach, ob die Hände gewaschen sind oder nicht? Allerdings aß der Präsident auch im Schoß der Natur stets von richtigen Tellern.

Zum traditionellen Abendessen gehörte neben dem DDS und den am Lagerfeuer mit Rum flambierten, in der Luft gewendeten Plinsen das Singen von Lagerfeuerliedern.

Martti Luukkanen, der Hofkoch bei Urho Kekkonens winterlichen Lappland-Reisen, lacht. »Urkki«, wie er ihn scherzhaft nennt, sei zwar ein Saunafreund gewesen, aber gekocht worden sei damals nicht auf dem Saunaofen, sondern am Lagerfeuer.

Aber probieren wir es aus! Kekkonens ehe-

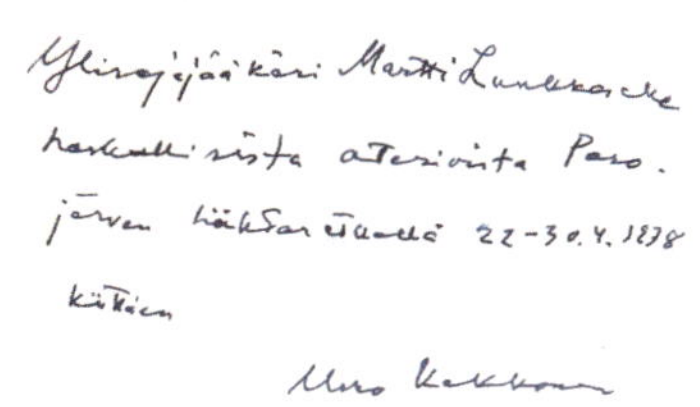

maliger Koch hat die Sauna am Ufer des Flusses Teno bereits eingeheizt, und beim Drücken der Steaks kommen die Erinnerungen. »Man kann sie gar nicht alle erzählen, so gut sind sie.«

»Ob das mit dem Werfen der Plinsen noch klappt?«, fragt sich Luukkanen, während der Pfannkuchen auf den Ofensteinen brät. Aber siehe da: Sie fliegen gut und landen wieder in der Pfanne!

Mit einem Stück zusammengerollter Birkenrinde wird aus der Brennkammer das Feuer zum Flambieren geholt.

»Manche ließen den Alkohol ganz abbrennen, andere bliesen die Flamme sofort aus«, erinnert sich Kekkonens Vertrauter, während es in der Pfanne blau aufflammt.

Zu den traditionellen Präsidialspeisen werden auf dem Saunaofen, der aus einer in der Nachbarschaft abgerissenen alten Blockhaussauna stammt, *Särä* und zu Ehren des Herbstes Steinpilz-Risotto gemacht.

DDS (DRECKIGER-DAUMEN-STEAKS)

Ochsenfilet
Weißer Pfeffer
Cayennepfeffer
Chilipulver

Butter

Das Filet in fingerdicke Scheiben schneiden. Durch Drücken mit dem Daumen oder mit dem Klopfer auf einen Zentimeter Dicke bringen. Von beiden Seiten kräftig mit Gewürzen einreiben. Die Steaks auf dem Saunaofen in einer gusseisernen Pfanne in reichlich Butter braten.

Kekkonen hatte die Angewohnheit, sein Steak mit gebratenen Zwiebelringen und Pellkartoffeln zu essen.

HERBSTZEIT-SÄRÄ

(IN SÜDKARELIEN WIRD DER TRADITIONELLE KARTOFFEL-FLEISCHTOPF SÄRÄ GENANNT.)

5 mittelgroße Kartoffeln
½ kg Rentier-Kochfleisch
4 Knoblauchzehen
2 Zweige frischer Rosmarin
1 TL Salz
½ Liter Fleischbrühe

ES HEISST, SÄRÄ SEI EINES VON URHO KEKKONENS LIEBLINGSGERICHTEN GEWESEN, ABER BEI DEN SKITOUREN WURDE ES NICHT ZUBEREITET. TRADITIONELL MACHT MAN SÄRÄ AUS LAMMFLEISCH, DIESMAL BERECHTIGT UNSER GEOGRAFISCHER STANDORT JEDOCH ZUR VERWENDUNG VON RENTIERFLEISCH.

Die Kartoffeln schälen und in dicke Scheiben schneiden. In eine gefettete feuerfeste Form schichten und das Rentierfleisch darauflegen. Die Knoblauchzehen halbieren und mit dem Rosmarin und dem Salz zugeben. Fleischbrühe darübergießen und am Ende des Einheizens der Sauna in der Brennkammer ca. eine Stunde schmoren.

SIE KÖNNEN SCHON WÄHREND DES EINHEIZENS UND WÄHREND DER SAUNAGÄNGE DAMIT BEGINNEN, SCHMORGERICHTE AUF DEM OFEN ZU GAREN. WENN DAS SAUNEN ZU ENDE IST, SCHIEBEN SIE DEN BRÄTER ZUM FERTIGSCHMOREN NOCH FÜR EINE WEILE IN DIE BRENNKAMMER.

STEINPILZ-RISOTTO VOM TENO

5 Schalotten
50 ml Olivenöl
300 ml Steinpilze
300 ml Risottoreis
100 ml Weißwein
½ TL zerstoßener grüner Pfeffer
2 EL Hühnerfonds
600 ml Wasser
2 EL Butter
Parmesan

Die Schalotten hacken und in Olivenöl in einer gusseisernen Pfanne auf den Saunasteinen anbraten. Die Steinpilze in Scheiben schneiden, mit dem Reis in die Pfanne geben und umrühren, bis das Öl aufgesogen worden ist. Weißwein hinzugeben und rühren, bis auch dieser eingezogen ist. Mit grünem Pfeffer würzen. Den Hühnerfonds und das Wasser nach und nach hinzufügen und dabei rühren. Zugedeckt 15–20 Minuten köcheln lassen. Zum Schluss die Butter unterrühren.

Mit geriebenem oder gehobeltem Parmesan servieren.

TASAVALLAN PRESIDENTTI

KEKKONENS FLAMBIERTE PLINSEN

500 ml Milch
1 Prise Salz
1 Ei
300 ml Weizenmehl
Reichlich Butter zum Braten
Rum oder Kognak

Milch, Salz, Ei und Mehl vermischen. Den Teig eine halbe Stunde ruhen lassen. Kekkonen verlangte, dass die Pfannkuchen immer mit Weizenmehl Type 405 gemacht wurden.

Die Plinsen von beiden Seiten in reichlich Butter in einer gusseisernen Pfanne auf den Steinen braten.

FLAMBIEREN: BEI KEKKONENS LAGERFEUER-MAHLZEITEN WURDEN DIE PLINSEN MEISTENS MIT BILLIGEM RUM FLAMBIERT, EINER DER BELIEBTESTEN DAVON WAR DER RUM DER SORTE »NEGRITA«. WENN EINE PLINSE FERTIG IST, WIRD SIE IN DER PFANNE MIT CA. 100 ML ALKOHOL ÜBERGOSSEN UND MIT EINEM LANGEN STREICHHOLZ ODER EINER BRENNENDEN BIRKENRINDENROLLE ANGEZÜNDET. NORMALE STREICHHÖLZER SIND ZU KURZ: WENN DIE ALKOHOLFLAMMEN HOCHSCHLAGEN, VERBRENNEN SIE SICH DIE FINGER. DEN ALKOHOL ABBRENNEN LASSEN. WILL MAN EINEN SCHNAPSIGEREN GESCHMACK, BLÄST MAN DIE FLAMME AUS, WENN NOCH FLÜSSIGER ALKOHOL IN DER PFANNE IST.

DIE RÄUCHER-SAUNA AUF DEM HARJU-HOF, OULU

17

RÄUCHERFLEISCH UND EINE ZÄHE ZIEGE

Die Tür geht nicht ganz auf. Gleich hinter der Schwelle liegt ein rußgeschwärzter Mann auf dem Boden der Sauna und macht ein Nickerchen. Nachdem der schläfrige Türstopper aufgewacht ist, erzählt er, er heize schon seit mehr als 24 Stunden die Sauna.

Mit dem Vorheizen wurde am Tag zuvor um acht Uhr am Morgen begonnen. Um 17.30 wurde das gepökelte Fleisch gebracht – Elch, Schwein und Wildschwein – und der Ofen voll befeuert. Dabei kam die Sauna maximal auf 110–115 Grad.

»Das Fleisch muss erschreckt werden, damit es eine Haut bekommt und nicht trocken wird«, erklärt der Heizer.

Diese starke Hitze wird 7–8 Stunden aufrechterhalten, danach geht es mit 80 rauchigen Grad bis morgens um vier Uhr weiter. Es wird Erlenholz unter den Ofen geschoben, und solange die Sauna warm ist, lässt man den Rauch nicht abziehen.

Ursprünglich ist die Rauchsauna auf dem Harju-Hof vor fünfzehn Jahren zum Saunen errichtet worden. Vor einigen Jahren fing man dann an, darin auch zu räuchern. Aus dem grob und kalt gemauerten Ofen kommt guter Rauch zum Räuchern, und in den besten Jahren hängen vor Weihnachten zwanzig Weihnachtsschinken an der Decke.

Auf den Steinen des Räuchersaunaofens liegt Kohlrabi vom hofeigenen Acker – eine rußige Erscheinung, wie die Kriegsbeute eines Schrumpfkopf-Stammes. Auf der Pritsche garen Lachshälften auf einem Rost vor sich hin.

Der Essensduft hat die Ziege Hannibal angelockt. Sie wird verscheucht, kehrt aber bald zurück - wohl ohne zu begreifen, dass auch für sie Platz an den Räucherbalken wäre.

GEPÖKELTES UND GERÄUCHERTES FLEISCH

10 l warmes Wasser
100 g Salz
Fleisch (Elchbraten, Schweinehaxe, Wildschweinkeule)

Das Salz im warmen Wasser auflösen und das Fleisch hineinlegen. Im Kühlen 24–48 Stunden einpökeln.

Das Fleisch in der Rauchsauna ca. 8 Stunden bei starker Hitze und 6 Stunden in der Nachwärme räuchern.

GEPÖKELTER UND GERÄUCHERTER LACHS

Lachsfilet
Salz
Zucker

Das Lachsfilet mit Salz und einer Prise Zucker bestreuen, im Kühlen ca. 5 Stunden ruhen lassen. Eine Stunde in der heißen, rauchigen Sauna räuchern.

TOMATEN MIT PILZ-FRISCHKÄSE-FÜLLUNG

Tomaten
1 Bund frischer Oregano
100 ml kleine Pilze
(z. B. Trompeten-Pfifferlinge)
200 g Meerrettich-Frischkäse
1 TL Salz

Von den Tomaten die Deckel abschneiden und mit dem Löffel die Kerne herauskratzen. Oregano hacken und die größeren Pilze bei Bedarf kleinschneiden. In einer Schüssel Oregano, Frischkäse, Pilze und Salz vermengen.

Die Tomaten mit der Käse-Pilz-Masse füllen, in eine feuerfeste Form setzen und im Saunaofen ca. 20 Minuten garen.

SAUNAOFENÄPFEL

6–8 Äpfel
50 g Butter oder Margarine
2 EL Zucker
2 EL dunkler Sirup
4 EL Vierkornflocken
(oder Haferflocken)
1 EL Zimt
100 ml Mandelblättchen

Butter oder Margarine
zum Fetten der Backform

Aus den Äpfeln mit einem Apfelbohrer die Gehäuse entfernen. Auf den Saunasteinen einen Topf erwärmen und darin die Butter zerlaufen lassen. Ist die Sauna heiß genug, kann man die Butter auch langsam auf der obersten Pritsche flüssig werden lassen. Zucker, Sirup, Flocken und Zimt dazugeben. So lange kochen, bis der Zucker geschmolzen ist.

Die Äpfel in eine gefettete feuerfeste Form oder gusseiserne Pfanne setzen. Die Äpfel mit der Zucker-Flocken-Mischung füllen, die übrige Masse auf den Äpfeln verteilen.

Im heißen Ofen 20–25 Minuten braten.

DIE ZELTSAUNA IN KUUSAMO

18

DER SONDERBARE OFEN EINES SELTSAMEN VOLKES

Unter massiven Kiefern ist ein Mannschaftszelt aus den Beständen der Armee aufgespannt worden. Es gibt nichts, woraus ein aufgusssüchtiger Finne keine Sauna machen könnte. An den Zeltwänden stehen Holzpritschen, unter denen der Schnee geschmolzen und dadurch mitten im Winter ein Stück Sommer zu sehen ist.

Der untere Teil des Saunaofens in der Zeltmitte erinnert mit seiner Feuerstätte an einen großen Zelt-Heizofen. Darauf befindet sich ein trichterförmiger Käfig für die Steine. Der maßgeschneiderte Ofen wärmt auch die Zehen auf Bodenhöhe. Die Wärme dieses sonderbaren Heizgeräts hat auch schon Ted Curson, der inzwischen verstorbene amerikanische Jazz-Musiker und Ehrenbürger der finnischen Stadt Pori, genossen.

Der Ofen schnaubt, wenn man eine Kelle geschmolzenen Schnee daraufwirft. Es ist feucht in der Sauna, die Hitze hat den Schnee auf dem Zeltdach schmelzen lassen, und das Kondenswasser an der inneren Zeltwand sorgt für eine fast tropische Atmosphäre.

Unter dem Vorhang am Zelteingang kommen zwei Finnen hervor, gefolgt von dampfenden Ausländern, die irritiert vor sich hin nicken: verdammt heiß und ziemlich seltsam.

Nach den Aufgüssen wird auf der Glut ein schneller Fleisch-Wok gemacht, und als sich die Temperatur allmählich legt, entstehen auf dem Zelt-Ofen noch ein Pfifferlingsbrot und Rentier-Quesadilla mit Preiselbeeren.

FLEISCH-WOK AUF ZELTSAUNAART

500 g Rinderfilet
2 Knoblauchzehen
100 ml Sojasoße
1 Zwiebel
1 große Karotte
1 Stange Lauch
½ Steckrübe
½ Knolle Sellerie
Salz

Das Fleisch schnetzeln, die Knoblauchzehen hacken, in eine Schüssel geben und Sojasoße darübergießen. Etwa eine Stunde marinieren.

Das Gemüse in dünne Streifen schneiden, unter das marinierte Fleisch mischen und leicht salzen. Alles gut vermischen.

Die Fleisch- und Gemüsestreifen in einer langstieligen gusseisernen Pfanne auf kleinem Feuer oder über der Glut rasch braten. Der Wok kann auch auf den Steinen erhitzt werden, falls sie heiß genug sind.

SCHNELLES PFIFFERLINGSBROT

1 heller oder dunkler runder Laib Brot
(50 ml Fleisch- oder Gemüsebrühe
oder Bier)
200 g Pfifferlingsfrischkäse
2 Eier
1 TL Salz
1 Prise schwarzer Pfeffer
100 ml Pfifferlinge
4 Kirschtomaten

Vom Brotlaib den Deckel abschneiden. Das Brot mit dem Messer oder dem Löffel aushöhlen, so dass eine Brotschicht von etwa einem Zentimeter überbleibt. Wenn Sie dunkles Roggenbrot verwenden, befeuchten Sie die Brothülle von innen mit Brühe oder Bier. Helles Brot muss nicht befeuchtet werden.

Frischkäse, Eier und Gewürze vermischen. Die Pfifferlinge unterheben. Die Mischung in das Brot füllen, halbierte Tomaten darauf verteilen und das Brot in eine Form setzen.

Bei gleichmäßiger Feuerkammerwärme garen, bis die Füllung stockt (ca. 20–40 Minuten). Das gare Brot in Alufolie wickeln und langsam abkühlen lassen.

RENTIER-QUESADILLA MIT PREISELBEEREN

- 100 g kaltgeräuchertes Rentier (am besten als Aufschnitt)
- 100 g Schafskäse
- 100 g Blauschimmelkäse
- 100 ml Preiselbeeren
- 2 *Rieska* (traditionelle dünne Brotfladen; evtl. durch Weizen-Tortilla ersetzen)
- 1 EL Öl

Das Rentierfleisch und den Käse würfeln. Einen dünnen Fladen in eine gusseiserne Pfanne legen und die Fleisch- und Käsewürfel sowie die Preiselbeeren darauf verteilen. Den zweiten Fladen als Deckel darüberlegen und mit Öl bepinseln. Im Ofen oder auf den Steinen garen, bis der Käse schmilzt und die Oberfläche etwas Farbe bekommt.

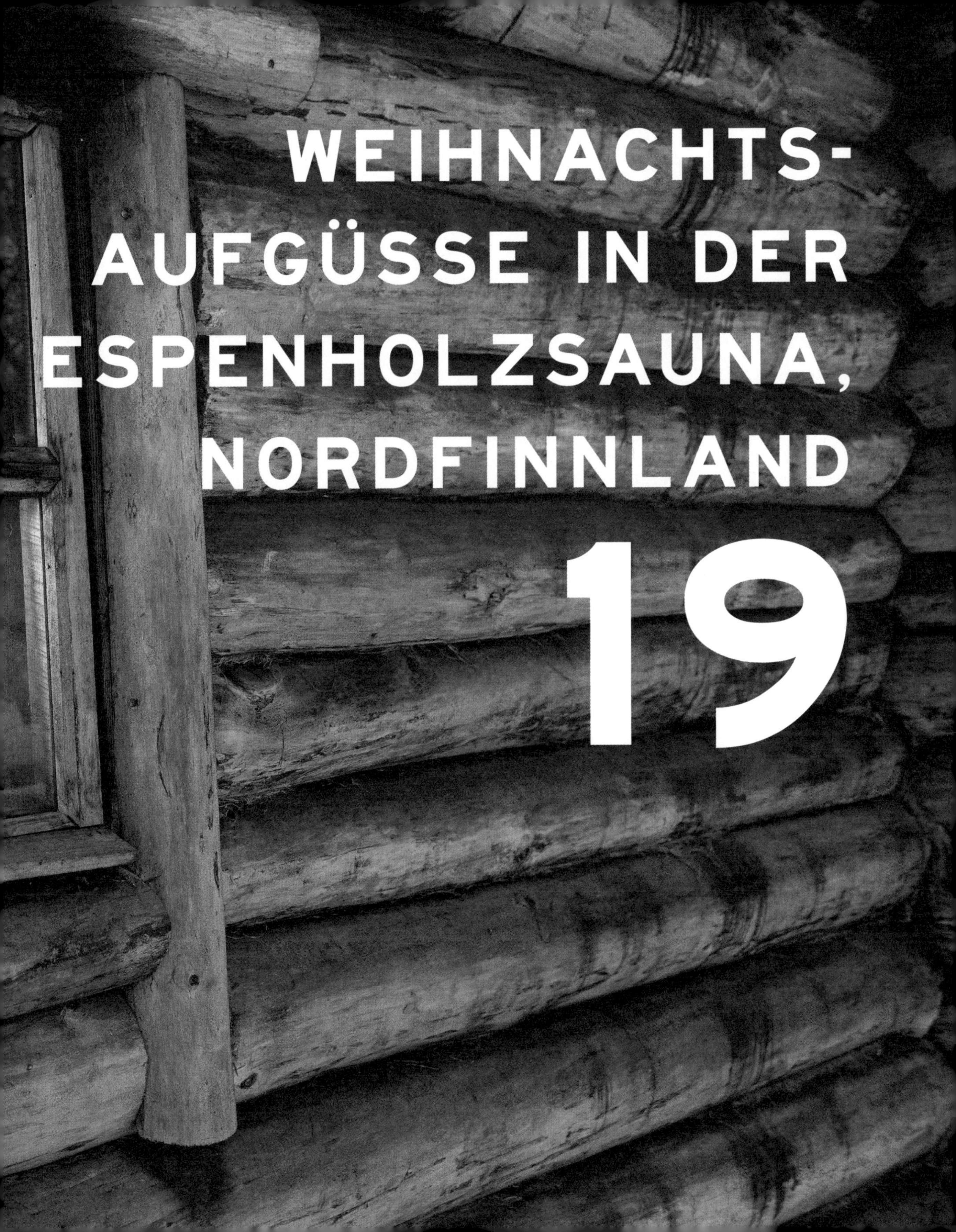

WEIHNACHTS-AUFGÜSSE IN DER ESPENHOLZSAUNA, NORDFINNLAND

19

ROTROCKS RAUCHIG DUFTENDE SAUNATAFEL

An Heiligabend gönnen wir uns die Aufgüsse in einer rauchigen Espenholzsauna, deren sanfte Wärme besonders entspannt. Bisweilen wird so etwas auch als »Frauensauna« bezeichnet.

Die Weihnachtssauna ist eine uralte finnische Tradition. Früher hieß es, an Weihnachten müsse man auf den Pritschen mucksmäuschenstill sein, sonst werde man im Sommer von Mücken geplagt.

Früher machte man sich die Sauna auch bei der Zubereitung der Weihnachtsspeisen zunutze, und als in den 1940er Jahren der Weihnachtsschinken zur finnischen Tradition hinzukam, wurde er in vielen Häusern im großen Feuerkessel der Sauna gekocht.

Die tiefe Brennkammer des aus Backsteinen gemauerten Rauchofens in der kleinen, aber hohen Espenholzsauna hat eine gute Glut. Kaum wendet man einmal das Wurzelgemüse, das für die Aufläufe geröstet wird, ist es auch schon gar.

In der Wärme des Saunaofens gelingen aber auch andere Weihnachtsspeisen: In Rotrocks Sauna duftet es nach Pfefferkuchen und mit Zimt, Sternanis und Preiselbeeren gewürztem Apfel-Glögi. Das mit Spinat und Käse gefüllte Rinderlendchen und der Rote-Bete-Auflauf werden ohne Eile in der Feuerstätte gar.

»ABER AUS DER HÜTTE HÖRTE MAN DEN AUFGUSS AUF DEN HEISSEN OFENSTEINEN RAUSCHEN UND DIE WEICHEN QUASTEN DURCH DIE LUFT SCHWIRREN. DIE BRÜDER NAHMEN NUN EIN WEIHNACHTSBAD, DAS SICH GEWASCHEN HATTE.«

ALEKSIS KIVI: SIEBEN BRÜDER, 1870
(DER ERSTE ROMAN IN FINNISCHER SPRACHE)

AUFLAUF MIT DREI GESCHMÄCKEN

2 Süßkartoffeln
4–5 weiße Rüben
6 große, mehlig kochende Kartoffeln

Kartoffeln und Rüben mit Schale direkt in die Glut legen und unter gelegentlichem Wenden weich rösten. Als Werkzeug eignen sich Schürhaken, Aschenschaufel oder eine lange Grillzange.

Die garen Kartoffeln und Rüben halbieren und das weiche Innere in jeweils eine eigene Schüssel geben.

Die Basis für den Auflauf herstellen.

AUFLAUF-BASIS

(FÜR DREI ½-LITER-AUFLÄUFE ODER FÜR EINEN 1½-LITER-AUFLAUF)

150 ml Semmelbrösel
6 Eier
300 ml Milch
150 ml dunkler Sirup
3 TL gemahlene Muskatnuss
3 TL Ingwerpulver
2 TL Salz

Semmelbrösel zum Bestreuen
Butter oder Margarine zum Fetten

Alle Zutaten vermischen. Die Auflaufbasis dreiteilen, zum ersten Teil das Süßkartoffelpüree, zum zweiten das Kartoffelpüree und zum dritten das Rübenpüree geben. Wenn Sie wollen, können Sie die Mischungen so würzen, wie es auf der gegenüberliegenden Seite vorgeschlagen wird. Eine ofenfeste Form oder einen Bräter ausfetten.

Die Aufläufe bei gleichmäßiger Hitze nach dem Einheizen in der Feuerkammer garen – entweder jeden für sich in einer eigenen Form oder zusammen in einer großen Form als Auflauf mit drei Geschmäcken. Vor dem Garen mit Semmelbrösel bestreuen und Butterflöckchen daraufsetzen.

SÜSSKARTOFFELAUFLAUF

2 EL Kokosflocken
100 ml Kokosmilch

Die Kokosflocken und die Kokosmilch mit der Auflaufbasis und den Süßkartoffeln vermischen.

RÜBENAUFLAUF

150 ml Teerlikör (*Tervalikööri*)
1 TL Salz

Den Teerlikör auf die Hälfte einkochen, bis er sirupartig ist. Zum Schluss Salz hinzufügen. Den Sirup mit der Auflaufmasse vermischen.

KARTOFFELAUFLAUF

100 ml Kochsahne
Räucherkäse

Die Sahne und den Käse vermischen und unter die Auflaufmasse rühren.

SCHWEINEFILET MIT SPINAT-KÄSE-FÜLLUNG

600 g Schweinefilet
(1 ganzes Lendchen)
Salz
Schwarzer Pfeffer

FÜLLUNG
20 g Butter
100 g Spinat
150 g geriebener Emmentaler
250 ml Kochsahne
1 Zwiebel
Schwarzer Pfeffer

Die Haut vom Schweinefilet lösen. Mit einem dünnen Messer das Filet der Länge nach einschneiden, so dass eine Tasche für die Füllung entsteht.

Das Fleisch mit Salz und Pfeffer einreiben.

In eine feuerfeste Pfanne oder einen feuerfesten Topf einen Stich Butter geben und den frischen Spinat darin zusammenfallen lassen. Die Spinatblätter auf ein Schneidebrett legen und zerkleinern. Währenddessen die Zwiebel würfeln und glasig braten. Den zerkleinerten Spinat mit dem Käse und der Sahne zu den Zwiebeln in die Pfanne geben.

Die Spinatfüllung in einen Spritzbeutel füllen und vorsichtig in das Filet drücken. Die restliche Füllung auf dem Filet verteilen. Das Filet in eine feuerfeste Form legen und auf der Glut im Saunaofen braten.

ROTE-BETE-AUFLAUF

3 große Rote Beten
50 g Blauschimmelkäse
Salz
Schwarzer Pfeffer
1 Prise frischer Thymian
250 ml Schlagsahne

Die Rote Bete schälen und reiben. Blauschimmelkäse dazu bröckeln, mit Salz, Pfeffer und Thymian würzen. Sahne hinzugießen und gut verrühren.

Die Mischung in eine feuerfeste Form füllen oder auf kleine feuerfeste Portionsförmchen verteilen. Auf den Ofensteinen oder in der Brennkammer in 15–30 Minuten garen.

MIT SCHWARZEN JOHANNISBEEREN MARINIERTER GRAVED LACHS

500 g frischer Lachs als Filet
Meersalz oder Fingersalz
100 ml intensiver Saft
aus Schwarzen Johannisbeeren
3 Sternanis
1 Handvoll rosa Pfeffer

Das Filet in dünne Scheiben schneiden und in ein flaches Gefäß mit Rand legen. Reichlich Salz darüberstreuen, Johannisbeersaft darübergießen, Sternanis und in der Hand zerdrückten rosa Pfeffer dazugeben.

Unter Frischhaltefolie über Nacht im Kalten ziehen lassen.

APFEL-SAUNA-GLÖGI

Preiselbeerblätter
500 ml Apfelsaft
50 ml Honig
3 Zimtstangen
5 Sternanis
5 Nelken
(Cointreau oder Honig-Rum)

Die Preiselbeerblätter in einer trockenen Pfanne auf den Steinen rösten. Apfelsaft, Honig, die trockenen Gewürze und die gerösteten Preiselbeerblätter in einen Topf geben. Den Glögi bei geringer Temperatur 20 Minuten durchziehen lassen und aufwärmen. Die Gewürze abseihen.

Wenn Sie möchten, können Sie vor dem Servieren einen Schuss Cointreau oder Honig-Rum hinzugeben.

FAULE WICHTEL (MANDELSPEKULATIUS)

500 g Pfefferkuchenteig
ganze Mandeln

Den Pfefferkuchenteig auftauen und etwas größer ausrollen. Den Teig mit dem Messer oder dem Teigschneider in Quadrate teilen und jeweils eine Mandel in die Mitte drücken. Im Ofen ca. 20 Minuten backen und in der Nachwärme der Sauna ein bis zwei Stunden trocknen lassen.

ÖFEN, ÖFEN, ÖFEN

Bei der Arbeit an diesem Buch durften wir in 19 großartigen Saunas kochen und essen und dabei die tolle Atmosphäre in der Wärme der Öfen genießen. Alle Saunas hatten eines gemeinsam: einen Haufen heiße Steine.

Man schätzt, dass es in Finnland 3,2 Millionen Saunas gibt. Noch in den ersten Jahrzehnten des 20. Jahrhunderts handelte es sich oft um teilweise in die Erde hineingebaute Rauchsaunas, in denen eine Aufschichtung von Steinen als Ofen diente. Wenn man eine solche Sauna heizte, quoll der Rauch zwischen den Steinen heraus und zog über Lüftungsöffnungen oder durch einen Rauchfang ab. Bevor man in der Rauchsauna badete, mussten Kohlenmonoxyd- oder Rußaufgüsse gemacht werden, damit die Luft rein war.

In den 1930er Jahren wurden dann Saunas mit Schornstein üblich. Ein Ofenmodell der damaligen Zeit war der sogenannte Flaschenofen, der die Wärme speicherte und bei dem die Steine von einer Blechhülle eingefasst waren. Zur gleichen Zeit fing man an, Saunahäuschen zu bevorzugen, in denen es einen gesonderten Umkleidebereich gab. Das Aussehen der Öfen wechselte von rund zu eckig, und anlässlich der Olympischen Spiele von Helsinki im Jahr 1952 entwickelte die Ofenfirma Kastor einen besonderen zylinderförmigen Olympia-Ofen.

Saunaöfen mit Schornstein, die mit Holz beheizt werden, sind entweder Wärmespeicheröfen oder Nachlegeöfen. Im Wärmespeicherofen steigen heiße Luft und Rauch direkt zu den Ofensteinen auf, von denen man eine große Menge zur Wärmespeicherung benötigt. Es gibt klassische Saunaöfen, bei denen die Steine dank einer isolierenden Metallhülle bei gutem Einheizen bis zu 48 Stunden warm bleiben.

Schon 1934 hatte Kastor einen Nachlegeofen auf den Markt gebracht. Bei Nachlegeöfen sind Brennkammer und Steine getrennt. Die Anatomie variiert, aber die beim Verbrennen von Holz entstehende Wärme wird bei allen Modellen über Hohlräume zu den Steinen geleitet. Soweit bekannt, wurde der erste industriell gefertigte Elektro-Saunaofen 1938 in Finnland hergestellt. Als Vorbild diente ein Küchenherd. Etwa zwanzig Jahre später setzten sich die Elektroöfen durch, und damit erweiterte sich auch die Skala ihres Aussehens. In manchen modernen Saunas kann man den Ofen kaum noch von der Wandverkleidung unterscheiden.

Neben den erwähnten Modellen sind auch Sonderöfen hergestellt worden, die mit Öl oder Gas beheizt werden.

Aber welcher Saunaofen ist nun der beste? Nun, das hängt davon ab, wer die Schöpfkelle in der Hand hält.

DANK

Weil es schon spät ist und Worte nicht ausreichen: Dank an Veera und Helka, an meinen Vater, meine Mutter, an Kristiina und Marcus sowie an Pekka.

Aufgusswarmen Dank an diejenigen, die uns vorbehaltlos in ihre Sauna einluden und uns ihren Ofen zur Verfügung stellten, auf den Pritschen schwitzten, beim Kochen halfen oder sonst auf wichtige Weise an unserer rauchigen und zumeist ziemlich heißen Tour beteiligt waren:

Marrti Ilvo, *Terva-Toppilan Saunamaailma*: insbesondere Saunawirtin Sirkka Maunula. *Rukapalvelut*: Jokke Kämäräinen und Janne Tahkola. Marko Hämäläinen, Hannah Chandler, Bella Envry, Eveliina Korhonen, Pirjo Lamminsivu, Seppo Kurtti, Anneli und Matti Murtovaara, Maija-Liisa und Seppo Karjalainen, Timo Räsänen, Mika Wilén, Michael Cutler, Jonathan Hope. Die Leute von *Rajaportti*; insbesondere Veikko Niskavaara, Antero Kokko, Sami Kauhanen, Mikko Sinkkonen, Otto Paavilainen und Saunageist Wirtanen. Die Umweltbauingenieur-Gilde der Universität Oulu, Valtteri Brotherus, Aleksi Hursti, Emma Tähtinen, Roope Miettunen und Petteri Tuuttila. Laura Lajunen, Hanna Puolakka, Essi Kujala, Roni Pekkala, Niklas Pekkala, Arttu Lehtinen, Niko Mettovaara, Jari Pekkala, Mirka Ojala, Jasperi Pekkala, Monica Pekkala, Risto Telilä, Mirja Cederlöf, Mika Telilä mit Familie, Martti Rapeli, Ilkka Ärrälä, Tytti Bräysy, Aki Karvonen, Kapitän Tintti, Nicholas, Maxemilian, William und Mats Grönblom von *Storfinnhova Gård* sowie Janne Halme und Saunameister Martin Lumme. Karolina, Kirsti und Kai Grönberg, Mika Leinonen, Aino Väänänen, Toni Kansanoja, Tapio Viinamäki, Raimo Juola-Hietaniemi, Antti Haapsamo, Mika Junttila, Janne Aho, Jerry Raatikainen, Jari Ojala, Riku Kiukas, Hessu Saarinen, Martti und Maire Luukkanen, der Küsschen und Paybackpunkte gebende Kaufmann Seppo Härkönen aus Karigasniemi, Joni, Kirsi, Fanni, Onni und Niilo Pekkala, Matti Harju und Hannibal, Pyrex/Karoliina Harjula, Töpferei Sisko Kangas, Marja und Antti Väänänen, Anu Koivisto, Merja Satulehto, Milla Lehtinen, Niina Sulkala, Taika Ranta.

Außerdem großen Dank an den Verlag Tammi, besonders an: Tuija Nurmiranta, Paula Zitting, Jenni Salminen und Musti.

Quellen für den Text »Öfen, Öfen, Öfen«:

Särkikoski, Tuomo 2012: Kiukaan kutsu ja löylyn lumo (dt.: Der Ruf des Saunaofens und der Zauber des Aufgusses). Gummerus.

Helamaa, Erkki 1999: Kiuas, saunan sydän (dt.: Der Ofen, das Herz der Sauna). Rakennustieto Oy.

REZEPTREGISTER

Apfel-Sauna-Glögi 183
Aubergine-Saganaki-Auflauf 79
Auf dem Saunaofen gedämpfte Krebse 142
Auflauf mit drei Geschmäcken 178
Auflauf-Basis 178
Beerenkuchen, Karolinas 146
Bierknäcke aus der Granithöhle 137
Birnen, knusprig gratinierte marinierte 121
Blaubeer-Senf-Dip 47
Brot à la Huhtiranta 143
Chorizo-Omelette 120
DDS (Dreckiger-Daumen-Steaks) 152
Dill-Joghurt-Dip 41
Dips 40 f.
Dreckiger-Daumen-Steaks (DDS) 152
Drei-Schokoladen-Fondue 73
Elchgulasch 22
Erdbeer Mädesüß-Crème brûlée 85
Fannis aufgespießte Hefewecken 65
Faule Wichtel (Mandelspekulatius) 183
Feurige Mangogarnelenschwänze 47
Fisch, in der Zeitung geräucherter, nach Oma Hannas Art 78
Fischkartoffeln à la Telilä 126
Fleisch aus dem Heißwassertank, zartes 62
Fleisch-Wok auf Zeltsaunaart 170
Fleisch, gepökeltes und geräuchertes 162
Focaccia mit Wildkräuter-Pesto 82
Fräulein Helkas warmer Obstsalat 84
Gebratene Kleine Maränen 38
Gefüllte Maräne im Saunaofen 91
Gemüsebeilage, rauchige 135
Gemüsebett 108
Gepökelter und geräucherter Lachs 162
Gepökeltes und geräuchertes Fleisch 162
Gerösteter Knoblauch 80
Glühforelle vom Johannisfeuer 111
Graved Lachs in Birkenblättermarinade 93
Graved Lachs, mit Schwarzen Johannisbeeren marinierter 182
Grüner Spargel in Wein 92
Hechtröllchen mit Zitrone 100
Hefewecken, Fannis aufgespießte 65
Herbstzeit-Särä 154
Heringsomelette in der Kelle 55
Huhn-Wildkräuter-Hotpot 80
In Salmiak und Lonkero marinierte Spareribs 119
Joghurt-Dip 145
Karolinas Beerenkuchen 146
Kartoffelauflauf 179
Kartoffeln, neue 108
Kartoffelsalat, warmer 55
Kartoffeltopf, sahniger 65
Käse, panierter mit Moltebeerensoße 129
Käsefondue, perlendes, mit Fichtentrieben 72
Kekkonens flambierte Plinsen 157
Kellenspeckkartoffeln 117
Kleine Knoblauchmaränen 38
Kleine Maränen, gebratene 38
Knoblauch, gerösteter 80
Knoblauchmaränen, Kleine 38
Knusprig gratinierte marinierte Birnen 121
Kräuterbrotstangen 31
Krebs-Überraschung unter der Teigbaskenmütze 143
Krebse, auf dem Saunaofen gedämpfte 142
Kuchen, gestürzter 94
Labkäse mit Erdbeeren auf Saunawichtelart 94
Lachs-Gemüse-Auflauf mit Käse 136
Lachs, gepökelter und geräucherter 162
Mais-Makkara-Topf 100
Mandelspekulatius »Faule Wichtel« 183
Mangogarnelenschwänze, feurige 47
Mangoldröllchen 144
Maräne, gefüllte, im Saunaofen 91
Maränen, Kleine gebratene 38
Mit Schwarzen Johannisbeeren marinierter Graved Lachs 182
Moltebeeren, passierte und frittierte Petersilie 129
Moltebeerenkörbchen à la Kammi mit Moosbeeren-Karamell-Soße 25
Moltebeermarmelade mit Limette 65
Moorfladen nach Dienstmädchenart 23
Moosbeeren-Karamell-Soße 25
Neue Kartoffeln 108
Nussige Roggenüberraschung à la Eislochschwimmer 48
Obstsalat, Fräulein Helkas warmer 84
Ofenglut-Entrecôte in der Schubkarre 135
Ofenkartoffeln 91
Panierter Käse mit Moltebeerensoße 129
Parma-Butter-Soße 135
Passierte Moltebeeren und frittierte Petersilie 129
Perlendes Käsefondue mit Fichtentrieben 72
Pfifferlingsbrot, schnelles 171
Plinsen, Kekkonens flambierte 157
Preiselbeer-Dip 40
Rauchige Gemüsebeilage 135
Rentier-Quesadilla mit Preiselbeeren 172
Rentierlendchen im Salzmantel 126
Riesengarnelenschwänze und Cola-Rindfleisch am Birkenspieß 102
Roggen- und Fladenbrot-Sticks 38
Roggenüberraschung à la Eislochschwimmer, nussige 48
Rote-Bete-Auflauf 181
Rote-Bete-Blätter-Rouladen 145
Rübenauflauf 179
Rübenchips vom Jäkäläpää-Fjell 129
Sahniger Kartoffeltopf 65
Salat, Veras wilder 83
Salatdressing mit Sima 56
Salmiak-Erdbeer-Chutney 116
Sauerkleebaguette 71
Saunaofen-Toffee, Moosbeeren und Salmiak 49
Saunaofenäpfel 165
Saunaofenkäse 111
Saunaofenpizza 32
Saunawichtels Roggen-Beeren-Brei 137
Schnelles Pfifferlingsbrot 171
Schokoladen-Orangen-Kuchen 33
Schwarze Wurst im Teigmantel 30
Schweinefilet mit Spinat-Käse-Füllung 181
Schweinefleisch-Tournedos auf Gemüsebett 108
Senf-Dip 41

Spareribs, in Salmiak und Lonkero marinierte 119
Spargel, grüner, in Wein 92
Stangenspargel mit Brennnesseln im Päckchen 70
Steinpilz-Risotto vom Teno 155
Sturzkuchen 94
Süßkartoffelauflauf 179
Teerzander 116
Tomaten mit Pilz-Frischkäse-Füllung 164
Veras wilder Salat 83
Walpurgis' Rocky Road 57
Warmer Kartoffelsalat 55
Weiße-Schokolade-Rhabarber-Käsekuchen 103
Wildkräuter-Pesto 82
Zartes Fleisch aus dem Heißwassertank 62

SACHREGISTER

Acetylsalicylsäure 85
Alufolie 16, 48, 55, 57, 80, 91, 138, 171
Anbraten 14
Apteekin Salmiakki 49, 116
Apteekin Salmiakki Mixeri 49, 119
Aschenschaufel 17, 78, 178
Aspirin 85
Aufgusskelle 16, 55
Auflaufform 16, 47, 70, 79, 82, 102, 136
Backpapier 14, 16, 32 f., 48 f., 55, 57, 82, 84 f., 94, 103, 120, 136
Backsteinboden 23, 31, 114, 137
Birkenbüschel 28, 89, 98, 114, 177
Birkenreisig 21
Blech 23, 31, 47, 82, 102, 137
Brandschutz 17
Brennholz 132
Brennkammer 15 f., 22, 25, 30, 47, 49, 61, 100, 102, 126, 132, 137, 141, 151, 154, 177, 181, 187
Brotbackstein 23, 31, 70, 82, 137
Edelstahlofen 141
Einheizen 16, 22, 57, 94, 119, 154, 178, 187
Elchfleisch 17
Elektroofen 45, 68, 187
Elektrosaunaofen 45, 187
Erdgruben 11
Feuerkammer 15, 17, 31, 89, 178
Feuerkessel 12, 14, 62, 141
Feuerstelle 12
Flambieren 151, 157
Foliengerichte 15
Frischhaltefolie 182
Frittieren 14, 129
Gefäße 16 f.
Glühgaren 111
Glut 15, 47, 61, 65, 76, 78, 85, 91, 102, 108, 126, 135, 168, 170, 177 f., 181
Grillbesteck 16
Grillhäuschen 61
Grilli-Makkara 100
Grillplatte 47, 61 f., 83, 102, 116, 135
Grillzange 16, 178
heiße Steine 11, 14, 16, 25, 47, 98, 102, 116, 197
Heißwasserbehälter 14
Holzsaunaofen 15
Holzscheite 14, 37, 52, 132
Johannisbeerblätter 16
Johannisfeuer 107, 111
Kitkan Viisas 37
Kochgefäß 14 ff.
Kochhandschuhe 16, 78
Kohlenmonoxydaufgüsse 187
Kolostrum 94, 111
Leipäjuusto (Labkäse) 89, 94
Lonkero 119
Löschdecke 17
Löschzubehör 17
Lüftungsklappen 114
Makkara 100
Mädesüß 85
Mengenangaben 17
Metallkelle 48, 55
Mittsommer 83, 107
Mittsommertafel 107
Mustamakkara 33
Nachlegeofen 77, 187
Nachwärme 57, 71, 98, 116, 137, 162, 183
Naturfaserschnur 70
Ofenklappe 47, 76
Ofenrohr 14
Ofensteine 38, 62, 64, 71, 116, 126, 151, 181, 187
Pergamentpapier 16, 70, 76, 78
Pritsche 16 f., 31 ff., 37, 52, 57, 68, 73, 76, 82, 98, 114, 132, 143, 146, 161, 165, 177
Räuchern 161
Räuchersaunaofen 161
Rechaud 68, 72
Rentierfleisch 17, 125, 154, 172
Rieska 172
Rost 15 f., 47, 102, 135, 161
Rußaufgüsse 187
Salmiak-Sirup 17, 49, 119
Salmiakbonbons, echte 116
Salzteighülle 126
Sauna-Ziehen 52
Saunageist 12, 28, 132
Saunameister 132
Saunasteine 15, 38, 107, 132, 155, 165
Saunatemperatur 31
Särä 151, 154
Schornstein 37, 187
Schöpfkelle 48, 117
Schürhaken 17, 78, 178
Sima 17, 56
Sous-vide-Garer 61
Spieße 47, 65, 80 f., 102
Steine, heiße 11, 14, 16, 25, 47, 98, 102, 116, 197
Stövchen 68, 72
Teerlikör 80, 116, 179
Temperatur 15 f., 33, 119, 121, 129, 168, 183
Tervaliköori 80, 116, 179
Vorheizen 161
Warmwassertank 107
Wassertank 61
Wassertemperatur 62
Wärmespeicherofen 187
Werkzeug 16, 178
Zelt-Heizofen 168